提高学习成绩的实用方法

丽超 编著

中国纺织出版社有限公司

内 容 提 要

学习成绩不好的原因是什么呢？是基础差，还是短期成绩下降？导致学习成绩下降的原因是孩子不爱学习，还是学习方法不对？只有搞清楚孩子学习成绩差的根源，对症下药，才能找准方法有效提高孩子的学习成绩。

本书详细探讨了全面、系统的学习方法，从基本学习方法到具体科目，为每位孩子详尽地提供了提高学习成绩、掌握学科知识的有效方法和具体指导，从而帮助孩子轻松高效地完成学业。

图书在版编目（CIP）数据

提高学习成绩的实用方法 / 丽超编著. -- 北京：中国纺织出版社有限公司，2024.4
ISBN 978-7-5229-1679-8

Ⅰ. ①提… Ⅱ. ①丽… Ⅲ. ①小学生—学习方法 Ⅳ. ①G622.46

中国国家版本馆CIP数据核字（2024）第073976号

责任编辑：刘桐妍　　责任校对：高　涵　　责任印制：储志伟

中国纺织出版社有限公司出版发行
地址：北京市朝阳区百子湾东里A407号楼　邮政编码：100124
销售电话：010—67004422　传真：010—87155801
http://www.c-textilep.com
中国纺织出版社天猫旗舰店
官方微博 http://weibo.com/2119887771
三河市延风印装有限公司印刷　各地新华书店经销
2024年4月第1版第1次印刷
开本：710×1000　1/16　印张：12
字数：118千字　定价：49.80元

凡购本书，如有缺页、倒页、脱页，由本社图书营销中心调换

前言

　　提高学习成绩，是每个孩子心中的理想。但在现实生活中，许多孩子在学习过程中会遇到很多难题，或是没有明确的学习方向，没有掌握知识，或是学习过程中压力过大，结果造成学习成绩下降。

　　影响孩子成绩的因素主要有学习习惯、方法、状态，尤其是学习动机和兴趣。当然，孩子成绩只是表面，一项研究表明，造成孩子"学习困难"的众多因素中，不良家庭关系、亲子关系占比高达60%。有的孩子学习没有任何计划，不知道自己应该做什么，不应该做什么，甚至需要老师和父母的监督才能完成；有的孩子学习毫无规律，每天学习时间不固定，甚至受到情绪的影响；有的孩子上课忘记带课本，学习不认真；还有的孩子遇到问题，自己不懂也不去问老师和同学，问题越来越多，最后成了大问题。

　　学习时养成良好学习习惯，是节省学习时间和提高学习效率的根本方法。想要提高学习成绩，孩子学习要主动。只有积极主动地学习，才能感受到其中的乐趣，才能对学习越发有兴趣。当孩子对学习有了兴趣，效率就会在不知不觉中得到提高。一旦学习过程中遇到不懂的问题，要及时向人请教，不懂的地方一定要弄懂，一点一滴地积累，才能有进步，才能慢慢提高学习效率。此外，集中注意力是提高学习成绩的有效方法。高度注意使孩子的心理能量能够集中于正在进行的思维活动，使思维在特定的问题上处于最佳的激活状态，从而使大脑可以高效地进行信息加工和问题解决。迅速地掌握知识和高效地分析与解决问题，正是建立在这种集中注意的思维状态基础之上。人们总是以为，智力的区别导致了孩子学习成绩的明显分化，其实，智力的区别并非学习分化的唯一原因，对许多孩子来说，学习成绩与高度集中注意的习惯有着密切

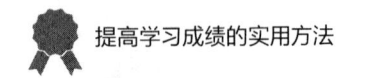

联系。

  学习，除了刻苦努力外，还需要掌握正确的学习方法。学习方法正确了，学习效率自然就提高了。孩子要想提高学习效率，就要进行充分的课前预习，上课注意力高度集中且认真听讲，课后对老师课上讲的内容进行回忆，以及对上课的笔记进行补充、整理和记忆。最后，还需要量身定制一个学习计划表，平衡学习和娱乐，集中精力学习，学习成绩自然就提高了。

编著者
2023年10月

目录

第1章 | **学习方法，好的方法让学习轻松自如**
——适合你的方法才更有效

做笔记要条理清晰层次分明 / 003
学会独立思考，才能掌握人生 / 006
找到适合自己的学习方法 / 008
复述法比死记硬背更重要 / 010
适当"冷处理"，将问题有效化解 / 012
不断努力，学习是自己的事情 / 014
有选择性地听老师的话 / 016

第2章 | **学习心态，保持好心情才能考出好成绩**
——学会调节你的身心状态

学无止境，保持谦逊好学的心态 / 021
不喜欢的学科也要好好学习 / 023
重视学习，别太看重考试分数 / 026
如何摆正自己的学习态度 / 028
考试保持良好心态，才能出奇制胜 / 031
无监督学习才是深度学习的未来 / 033
制定目标，在努力中越挫越勇 / 036

第3章 目标效应，目标引领自己努力学习的方向
——提高学习的主动性

制定目标要注重当下 / 041
阶段性目标为努力找准方向 / 044
计划赶不上变化，适时调整目标 / 047
制定目标要全面合理且有效 / 050
制定目标需要坚持三个原则 / 053
明确的目标和计划可以磨炼意志 / 056

第4章 巧妙复习，有效复习一小时胜过盲目学习一天
——最实用的复习方法

阶段性复习有助于掌握和巩固知识 / 061
调整好心态，提高复习效率 / 063
掌握考试复习的四大要点 / 065
制订适合自己的复习计划 / 068
找到适合自己的记忆方法 / 070
购买适合自己的复习资料 / 073
坚持复习，会取得好成绩 / 075

第5章 学习工具，有效掌握和利用工具书去学习
——利用好你的武器

了解工具书的类型，有助于正确使用 / 079
有效利用工具书去学习 / 081
注意使用工具书的问题 / 083
利用古汉语工具书学习文言文 / 085
语文字典是查询字词的最佳途径 / 087

利用英语词典积累词汇量 / 089

第6章 学习规律，找到属于自己的学习节奏
——掌控学习的步伐

熬夜学习，容易导致记忆力下降 / 093
自我激励，促进学习进步 / 095
放松心态，有效提高学习效率 / 098
兴趣爱好是身心快乐的调节剂 / 101
你了解自己的睡眠周期吗 / 103
适当运动，可以缓解学习压力 / 106
如何应对学习上的"高原现象" / 109

第7章 应试技巧，掌握方法有助于提高考试成功率
——考前、考中、考后必知的应试技巧

劳逸结合，做好考前调整 / 115
不怯场，鼓足勇气上考场 / 118
考试时提前了解必要的应试须知 / 121
考前三餐清淡为主，注意饮食均衡 / 123
考完一门丢一门，别急着对答案 / 125
掌握一定的答题策略和答题窍门 / 127
考试前别给自己太大的压力 / 129

第8章 学习细节，让小细节帮你的成绩加分
——注重平时努力提升学习品质

在与老师的沟通交流中自我成长 / 133
会学习的人懂得给自己喘气的时间 / 135

培养和提高自我学习的能力 / 137

注意力高度集中，才能提高学习效率 / 139

勤奋学习，会让你变得更优秀 / 141

学习需要坚持到底的耐力 / 143

第9章 学习记忆，高效记忆让你又快又好地记牢知识
——别在记忆力上输给别人

记忆力是学习的基础 / 147

如何有效提升自己的记忆力 / 149

增强理解是提高记忆力的捷径 / 152

形象记忆，把抽象概念图形化 / 155

联想记忆是提高记忆力的最佳方法 / 158

有效复习，克服遗忘 / 160

尝试回忆，复盘课堂学习内容 / 163

第10章 学习时间，合理运用学习有效时间
——充分利用你的一天时间

充分利用碎片化时间学习 / 169

马太效应，导致学习效率低下 / 172

合理规划寒暑假时间 / 175

周末合理分配学习与娱乐时间 / 178

能力有限，做自己能做的事情 / 180

如何利用自习课效率最高 / 182

参考文献 / 184

第1章

学习方法，好的方法让学习轻松自如
——适合你的方法才更有效

可能很多学生有这样的疑问，到底什么学习方法才是最有效的呢？听老师的话就一定能学好吗？多做题就能学好吗？笔记记得越详细就越好吗？学霸们的学习经验告诉了我们答案：不是！他们都有自己的个性学习方法。其实，学习方法是多种多样的，每个同学都应根据自己的特点，逐步摸索出一套适合自己的学习方法，因为只有适合自己的才是最好的方法，才能帮助你高效地学习。

做笔记要条理清晰层次分明

在学习阶段，相信每个学生都能认识到笔记的重要性。然而，在笔记这一问题上，我们发现，有些学生根本不做笔记；有些学生则是盲目地做笔记。关于后者，如果翻看他们的笔记，则会发现，他们的笔记很详细。可能你会产生疑问，难道笔记不是越详细越好吗？当然不是！

当时被清华大学建筑学专业录取的学生林雨铭，早在考试前，他的笔记就被学弟预定了。但他认为，别人的笔记可以借鉴，看看自己对知识体系有没有疏漏，但是直接复印或抄过来不好，印象不会深刻，自己整理的其实最有效。

一直以来，雨铭都有预习的习惯。他总结经验说，预习的时候，笔记记录的主要是需要关注的基础知识点；在课堂上，则比较注意之前没有注意到的以及老师重点强调的；他在课后虽然没有用过多的时间去整理笔记，但是在大的考试前都会重新翻看一下。他说："保留并整理所有卷子，虽然没有再抄写也算一种补充。虽说不指望看到的题目又考到，但也算是一种提醒吧。"

他提醒学弟学妹们，做笔记一定要突出重点，不要过分详细，可以留出一定的空白，到后面再补上被忽略的知识点。

正如林雨铭所说，做笔记其实不用过分详细，而应该记下一些重点内容。那么，什么是重点内容呢？如何记笔记才能全面、效率高呢？

1. 记提纲

有的同学反映，课堂上记数学笔记，常感到听了来不及记，记了来不及听。其实，没有必要记下所有的东西，应详略得当，提纲挈领。记好提纲，一部分内容学下来后，便觉得脉络清晰，然后可根据提纲进行回忆、补充。有了恰当的提纲，在整理笔记时，就可以进行补充和完善，加深对相关内容的理解和把握。

2. 记思路

记思路是切实有效的，有了思路，就像航海时有了航标灯，自然就有了前进的路线和方向。记思路也要因地制宜，如果一个困难题听了或看了仍头绪不清，难以理解，比较茫然时，记思路就应该详细些，并记好结论，方便复习和思考。

3. 记重点

要关注开头和结尾。在开头时能明确提纲、把握重点，记录时就能有的放矢。结尾虽话语不多，却是这节内容的精彩提炼和复习巩固的提示。高度关注老师反复强调的内容。重点内容在课堂必会得到反复地强调，有时老师会把有关内容框出、划出，或者用彩色笔写出以求引人注目，突出重点。明确了重点，记录就能详略得当，泾渭分明。在记录重点时，也要不失时机记下有关解析内容的经典范例和突破重点的巧思妙解。

4. 记疑难

在教学过程中，老师经常会取譬引喻，即补充一个经典的例题或恰当的比喻来引入概念、突破难点、强化重点、说明方法或优化思维。有的会让你恍然大悟，有的会让你回味无穷。记下补充的内容，需要的时候可以信手拈来，使你在学习的过程中可以发挥这些补充内容的功能，把知识理解深刻，把方法掌握牢固。

5. 记感悟

学习可以分为三个层次：一是"懂"，就是听懂老师讲解的内容或看懂书上的有关内容，这是学习要达到的初级层次；二是"会"，需自己动手、动脑进行模仿练习和实践；三是"悟"，就是对所学知识悟出道理来，对所训练的方法悟出规律来，从本质上进行把握，这是学习的高层次，也是我们追求的效果。

6. 记总结

每节课，老师都会归纳或引导同学归纳所学知识的精髓，达到高度概括、简明扼要的程度。记录好总结的内容，使所学的相关内容变得一目了然。如果自己能给出言简意赅的总结，说明这部分知识得到深刻理解，方法也掌握得游刃有余了。

都说"好记性不如烂笔头"，学霸不可复制，但好习惯是可以借鉴的。一份好的笔记，字迹清晰、条理分明、主次得当，这些优点都是每个同学可借鉴的。

学会独立思考，才能掌握人生

我们不难发现，为了使孩子能上名校，请家教、上补习班已经成了一股社会风潮。许多人认为，现在的孩子，最输不起的是教育。钱不是问题，只要能把孩子培养好，花再多的钱也愿意。甚至有不少家长愿意出高薪寻"伯乐"、请家教。我们深知这些家长的苦心，也理解他们希望培养孩子成才的迫切心情，但不得不承认的是：请家教只能提高分数，提高成绩，不能提高能力。

因此，作为一名学生，自身必须有个明确的认识，那就是，要想真正学到知识，并将知识转化为自己的能力，就应该学会独立思考，学会自己摸索，而不是做别人思想的奴隶。

独立思考是一种能力，当你在学习上学会了独立思考，那你在为人处世的其他方面也能做到独立思考、动脑筋，不会再去依赖别人。

在哈佛大学，曾经有个中国留学生，她的名字叫汤玫捷。2005年，她被哈佛大学录取，还拿到了每年4.5万美元的全额奖学金。据说，在当时，这种提前录取的情况，中国只有一个，亚洲也只有两个。这意味着，哈佛大学这所全球顶尖名校，视她为最符合哈佛精神、最需要提前抢到手的优异学生。

的确，能进哈佛大学的人，一定是学习成绩最优秀、成绩最好的学生，但汤玫捷却不是。她曾经就读的学校的老师说："她并不是我们这里学习成绩最好的学生，也从未参加过什么学习竞赛，甚至连奥数班都没上过。"那么，哈佛大学录取汤玫捷的标准到底是什么呢？

其实，哈佛大学除了关注学生的成绩外，还很在意他们的学术背景，这就是为什么哈佛大学的入学申请表中，还必须有社会工作、兴趣爱好、老师推荐信，外加两篇小论文。汤玫捷之所以被哈佛大学录取，是因为她出色的学术背景：她担任过学校的学生会主席、辩论队队员，还曾作为交换生到美国著名私校西德威尔友谊中学学习过一年。甚至在那里，她也被好表现的美国学生称赞为"学生领袖型的人才"。

的确，哈佛大学需要的不是应试机器，而是有出色的学术精神和领导能力的学生。它培养的也是有思想、有想法的人。哈佛人懂得，不管在任何时候，会思考都是解决问题的重要途径。

那么，该怎样做到在学习上独立思考呢？

具体说来，需要你从现在开始就做到以下几点。

1. 避免陷入惯性思维

人们习惯用以往经常用的思维方式来看待和解决问题，既有积极的作用，也有消极的作用。积极作用是可以快速解决问题。例如，在解决经常遇到的同一类型习题时，练得多了，熟悉了题型和公式，下次碰到马上就会做。消极作用是容易僵化思维。例如，当条件改变时，或新旧交替时会成为发展的主要障碍。因此，在遇到难解的问题时，我们要突破原有的思维框架，以更高的视野或更宽广的思维来看待问题，找出非常规的解决方案。

2. 主动寻找不同的解题方法

你是否有这样的经历，在做完老师布置的习题后，你认为已经完美无瑕了？而你是否考虑过，就同一道习题，抛开传统的解决方法，再动一动大脑，也许你能找出更多的解题方法。

总之，如果你希望获得独立学习的能力，希望在未来有所建树，那么从现在起，你也要学会独立思考，做个有想法的人。想法虽然看不见、摸不到，但它真实地存在着。有什么样的想法，就会有什么样的命运。

提高学习成绩的实用方法

找到适合自己的学习方法

怎么提高学习效率？关键要找到适合自己的学习方法，适合你的才是最有效的方法。你需要了解别人的学习方法，但不是照搬，而是在别人方法的启发下，量身定制一套适合自己的方法，才会产生最大的效应。我们先来听听学霸周小琪的学习心得。

她说："不存在一套适用于大多数人的学习方法，每个人都应该去摸索适合自己的学习方法。""学有法，无定法，贵在得法。"周小琪向同学们传授的第一个秘诀，就是关于学习方法的。周小琪说，就她个人而言，归纳、总结是学习的基础，要建立一个个性化的资料库，对一些典型的、常见题目进行总结，找到一些通解、通法，在面临同一类问题时，能迅速反应出解题方法。"以语文中的诗歌鉴赏题为例，我会先通读，连作者简介和注释都不放过，然后是细读，寻找其中的主题思想、意向，最后答题。"

"基础的重要性强调一万遍也不为过。"周小琪说，她曾经也经历过数学压轴题满分、第一道选择题就丢分的情况。她认为，基础题和中档题才是真正的考验，也是拉开差距的重要部分。

"细节，还是细节！"周小琪说，有两个方面可以向同学们提供参考。一个是卷面的细节，因为现在是网上阅卷，因此卷面要尽可能整洁、干净。考试前，周小琪被老师叫到办公室，特别指出了她的卷面问题。在她的试卷上，无论逗号还是句号，她都写成了一个黑点，这种细节一定要注意改正过来。另一个就是内容的细节，审题、答题都要仔细。

的确，正如周小琪说的，每个人都应该有自己的学习方法。也就是说，在学习过程中，不管采用哪种学习方法，都不能盲从，适合自己的才是最好的。同样，对于学霸们总结出的学习经验和长处，你可以学习，可以借鉴，可以汲取，但是一定不能迷信，不能盲从，不能机械地照搬。就像每一朵鲜花的盛开，都由其自身的条件决定。在学习中只有认真地分析自己的实际情况，准确地认识和把握自己，采取切实可行的模式、方法和手段，才能在自己的责任田里收获希望的果实。学习，切忌简单抄袭，适合别人的不一定适合自己。别人曾经走出了一条路，自己用同样的方法，朝同样的方向，却不一定能收到相同的效果。因为每个学生自身情况不同，对学科掌握的程度不同，所以方法也会有所不同。每个人应该相信自己的学习方法，切不可邯郸学步。学习方法多种多样，重要的是，定制适合自己的学习方法，方法对了，效率就提高了。

有一位学生，在谈到自己的学习方法时，他说："我主张把各科知识点分类整理，做成图表，因为好记性不如烂笔头。在学习的过程中，'知识网络图'的重要性不言而喻，做好并掌握这样的图表，就能理清各种知识点的纵横关系，就能拓展思维，掌握具体方法和技巧，明确所学内容。"

可是，他的同学的学习方法却完全不同。这位同学对于整理知识网络的做法是，用脑而不是用手。这位同学说："我没有这么勤快，我仗着脑子好使，从来都在大脑里整理知识。我觉得动笔记东西有一个缺点，那就是写在纸上的东西保留了'信息'的形式，有一部分无法完全记忆，总要回到纸上来现找，费时费力，形成所谓对笔记的依赖。"

那么，你认为这两位同学，谁的做法更可取呢？

多数同学认为：别人的方法，你可以借鉴和参考，但不要克隆和复制。因为每个人自身情况不同，对学科理解的程度不同，所以方法也会有所不同。学习方法多种多样，切不可因为看了某篇文章，而放弃了自己的学习方法。

总之，找到只属于你自己的学习方法，不要盲目地追随别人的方法，适合自己的才是最好的！

复述法比死记硬背更重要

我们都知道，人获取知识的方式有很多种，其中就有记忆。对学习阶段的学生来说，对书本知识的记忆，他们采取的多半是背诵的方式，比如语文课文、英文单词等。然而，背诵就是最好的记忆方式吗？当然不是。从发展心理学看，人类最初的记忆方式并不是背诵，而是复述。从认知心理学看，记忆分为瞬时记忆、短时记忆、长时记忆。其中记忆时间最短的瞬时记忆经过"注意"过程可以转入短时记忆，短时记忆中的内容经过"复述"过程可以转入存储时间最长的长时记忆，其中"复述"过程就是重复记忆。

心理学家艾宾浩斯提出的遗忘规律也告诉我们，遗忘是先快后慢、先多后少，因此要及时复习和记忆。重复记忆将会使记忆得到强化。

背单词、背课文等，我们的注意力是集中在文字的编排上而不是对文章的理解上（当然有些学生是理解之后背记的）。如果只是单纯地背诵，那么，这些语句只会进入语言中枢的浅表层，只是短时记忆。这种背记，遗忘的速度会非常快。而复述，是将输入的语言信息完全理解了，通过思考之后，再用自己的语言讲出来。那么，这种方法获得的知识更能被我们记住。

的确，复述过程是认知、理解、记忆、推理、归纳等各种因素综合作用的过程。复述需要熟悉原文，因此，学会复述还有利于我们理解原本的知识，从而提高我们的语言表达能力。

因此，学生们，别再一味地把背诵当成唯一的记忆方式了，尝试着去复述知识，也许你会记得更牢固。

为此，我们分享了复述的方法和原则。

1. 复述的方法

记忆不是死记硬背，要有灵活性。

以学习英语为例，复述就是一种很好的自我训练口语，记忆单词、句子的形式。复述有两种常见的方法：一是阅读后复述，二是听磁带后复述。第二种方法更好些，这种方法既练听力，又练口语表达能力。同时，可以提高注意力的集中程度，提高听的效果，而且可以提高记忆力，克服听完就忘的毛病。

2. 复述的原则——循序渐进

同样，以学习英语为例，在复述的过程中，你可由一两句开始，听完后用自己的话（英语）把所听到的内容说出来，一遍复述不下来，可以多听几遍，越练遗忘就越少。在刚开始练习时，因语言表达能力、技巧等方面的原因，往往复述接近于背诵，但在基础逐渐建起来后，就会慢慢进步，由"死"到"活"。在保证语言正确的前提下，复述会有越来越大的灵活性，如改变句子结构，删去一些不大有用或过难的东西，长段可以缩短，甚至仅复述大意或内容概要。

复述的内容也要有所选择。一般来说，所选资料的内容要具体生动，有明确的情节，生词量不要太大，可以选那些知识性强的小短文，开始时可以练习复述小故事，有了基础后，复述的题材可以扩展开些。

复述表面效率很低，实际上对综合能力的培养很有帮助。如果时间较充足，可以在口头复述的基础上，再用笔头复述一下，这样做不仅可以帮助你记忆，还可以加深掌握语言的精确程度，提高书面表达能力。

适当"冷处理",将问题有效化解

可能很多学生遇到过这样的问题,在学习的过程中,随着你接触的知识不断增多,你对知识的疑问也就增多了。此时,你该怎么办?一般来说,学习过程中遇到的疑问有三种情况及处理方式:一是自己通过思索就能解答的,当然是自己解决;二是自己无法解决的,那就请教师长、同学或者查阅书本资料加以解决;三是自己思索并请教别人后,仍是不甚了解的,这时候又该如何处理呢?弃之不顾,当然不可取;死钻牛角尖,也不明智。怎么办?你可以用"不求甚解"的方式来对付它。

什么叫"不求甚解"?就是把疑问暂时"冷藏"起来,不要妨碍自己对新知识的学习。随着对新知识的不断掌握与巩固,经过一段时间之后,可以结合对前一时期的疑问重新思考。由于新知识的掌握和一段时间的复习,旧的知识也会有所巩固和提高,举一反三,往往过去的疑问便迎刃而解。有时甚至在学习新知识的过程中,那些疑问会突然闪现在脑海里,豁然开朗,可谓"踏破铁鞋无觅处,得来全不费工夫"。这就是"触类旁通"之妙。

"我在学习上比较随意,不会钻牛角尖,我周围的很多同学学习很勤奋,对于那些不懂的问题,经常都会死磕下去,找不到结果誓不罢休。而我呢,我经常会说:'放一边吧,也许答案自己会站出来的。'事实上,这种方法对于学习是有很好的效果的,因为我们的知识总是在不断增长的。举个很简单的例子,我们在八年级时搞不懂的数学问题,高中时再回过头来,是不是觉得很简单呢?这是因为我们的知识储备量丰富了,那些问题也就迎刃而解了。"

从这段表述中,我们大致明白了"不求甚解"冷藏法的妙处。当然,正如这位同学所说,问题的答案会自己"站"出来是因为知识储备量的增多。也就是说,只有学好新的基础知识,才有可能有新的知识层面,才有解决问题的可能。

对于这种处理疑问的方式，某位成绩优异的同学说："进入初三以后，基本上就开始中考前的总复习了。总复习共有三遍，第一遍是按章节进行复习，主要目的是弄清每个知识点；第二遍要打乱章节顺序，按专题进行复习，目的是从宏观上对知识有一个再认识；第三遍复习是查漏补缺，主要是对前两遍复习后仍未掌握的知识进行强化复习。

"许多同学认为知识复习的次数越多，效果就会越好。其实并不一定。如果复习质量不高，复习多少遍也不会把知识掌握牢固。如果真是踏踏实实地按老师的安排复习三遍，参加中考就一定没问题。而许多初三的学生往往有急功近利的心理，他们确实很努力，很辛苦，但看不起每一科最基本的定义、定理，认为中考不会考这么容易的东西，所以他们赶在老师安排之前，狂做中考模拟题，这样必然造成基础不扎实，从而使提高答题技巧成为'无源之水，无本之木'。"

从这段话中可以看出一点，在使用"不求甚解"冷藏法这一点上，你还应该重视基础知识的学习、掌握和复习，不然，就会造成如他所说的"无源之水，无本之木"的情况。

除此之外，"不求甚解"的冷藏法还要有几个前提条件加以保证方才有效。

第一，与做好预复习工作、认真听讲、记好笔记这些常规学习方法密不可分，因为这是学习和掌握知识的基本保证，离开这个基础，连能否学会知识都成了疑问，还谈什么解决学习过程中的疑问呢？

第二，要勤于思考，善于思考。勤于思考，才会有疑问的产生和解决，才会有知识的掌握和巩固。善于思考，要讲究思考的方法。我们学习的知识，是一个统一的体系，前后左右紧密联系，不但前后知识之间能互相启发，而且有时不同学科的知识也能互相启迪。在思考问题时，你不能孤立地停留在某一知识点上，要扩展思维，联系更多的知识去帮助思索。

不断努力，学习是自己的事情

对于学生来说，怎样才能学习好？可能大部分人会回答，听老师的话、按照老师的安排学习就错不了！的确，对于书本知识，老师比我们熟稔，但老师不可能掌握每个人的学习状况，所讲解的学习方法也是针对大多数人而不是全部学生。为此，你有必要找出属于自己的学习方法，而不是被老师牵着鼻子走。

当然，不被老师牵着鼻子走，并不意味着你可以将老师的话置若罔闻。也就是说，对于老师的话，你要有选择性地听，同时，也要按照自己的学习计划学习。我们来听听下面这位学生的体会：

"刚上初三时，我觉得老师留的作业是必须完成的，要不然拿什么出成绩？所以我每天都被老师留的作业'牵着鼻子'，本来有一些自己的计划，却因为没时间而几乎没有落实，就这样过了些日子，我发现自己每天认真完成作业可进步却没有别的同学大，甚至有退步的现象。问问身边的同学，我才明白原来初三作业已经不是必须了，虽然老师留的作业都挺有用，但没有针对性。复习阶段知识已经学得差不多了，关键是针对自己的查漏补缺，要明白自己缺的是什么。

于是，我学会了选择，这点很重要。我告诉自己，初三拼的是时间，要选择对自己有用的作业去完成，每写一样就要有收获，认真思考每一个知识点，不做重复的体力劳动。不过，这个选择还挺艰难的，有时候选择不好就会本末倒置。例如，老师让我们每天做一套语文模拟题，当时我真的觉得很没有用，认为语文做题好像没什么成效，所以我就只选择了做前边的基础题，把后边的阅读题都丢了。过了段时间，我发现自己做阅读题没有感觉了，做科技文，怎么选都是错。我再一次反思自己，于是开始做整套卷子，才发现语文做题是非常必要。"

的确，如果完全抛弃老师的带领而"另起小灶"的话，你很可能会脱离正确的学习轨道。

可能有些学生会感到迷茫，该怎样界定自己的方法有效还是老师的计划在理？对此，你不妨在学习效果中找答案。就像上面故事中的这位学生，在发现自己的方法有所欠缺后及时补救，这就是最行之有效的。

总之，你需要明白的是，学习是自己的事，对于学习，只要你不断摸索，就能找到最佳的"路子"。

有选择性地听老师的话

孩子在进入学校之前，父母就反复叮嘱，到学校一定要听老师的话，一定要乖，一旦老师告状说孩子在学校有不听话的情况，家长就会认为孩子做了大逆不道的事情。很多老师也以教出乖孩子为荣。那么，乖孩子就一定能学好吗？当然不是。

对于学生来说，要想学习好，就必须做到自主学习，所谓自主学习，就是要有自己的学习方法，并且是适合自己的。所以，太"乖"的学生充其量只是让老师喜欢的学生，而不一定能学好。

学霸李言就说："我比较爱玩，也不太'听话'。"事实上，那些学霸都并不是太"乖"的学生，都有自己的学习方法。

现代教育强调要重视素质教育，让学生主动学习，做学习的主人。主动学习，就是指学生不能全部都听老师的安排，而应该根据自己的实际情况，找到属于自己的学习方法。一切听老师的，肯定是被动学习，一切听自己的才是主动学习。不过，会学习的学生，会把老师讲的对自己有用的都听了。

对要参加升学考试的学生来说，寻找到适合自己的学习方法尤为重要，毕竟每个人的学习情况不同。对老师来说，授课的内容是针对全班学生的。例如，老师在黑板上出了一道题目，要求同学们一起做，并且给出结果。有的人可能非常熟练，不需要做；有的人根本不会做，因为与这个题目有关的公式还没有掌握，他得先学习这个公式。这两种情况下的学生，如果盲目听从老师的指令，可能都是徒劳无功，而自主安排，则会有所收获。

每个学生首先都应该明白的一点是，学习是自己的事情，只有主动学习，才能真正学到知识。

对于老师的话，你可以有选择性地听。当然，这里说的有选择性地听，并不是说让你顶撞老师，不尊重老师，而是说要听老师授课的重点内容。无论是课上还是课下，都应该尽量多与老师沟通。而反过来，如果把学习成绩提高了，那么，即使你并没有完全遵照老师的安排学习，相信老师也会尊重你的选择。

总之，作为一名学生，一定要有自己的学习方法，应该学会自己安排学习，而不是一味地跟着老师的步调走。

第 2 章

学习心态，保持好心情才能考出好成绩
——学会调节你的身心状态

可能对于很多学生来说，学霸们头上都有一个绚丽的光环。但没有人可以随随便便成功，在他们的背后有着我们看不到的努力，不仅如此，他们还有着良好的心态。而我们应该学习的，不只是他们的学习方法，更有他们的好心态。

学无止境，保持谦逊好学的心态

我们都知道，现代社会对人才的要求越来越高。任何一个学生，都必须有不断学习和不断进步的意识。即使你已经是一个品学兼优的学生，你也不能骄傲自满。因为学习永远是在逆水行舟，不进则退。没有最好，只有更好。不要放松自己前进的步伐，每次取得成就之后，都要在心中告诉自己，这还不是最棒的，还有下一次，下一次一定会做得更好！

的确，一个人，只有秉持谦虚、好学的心态，才能不断放开眼界，不断地吸收新的知识。正如列夫·托尔斯泰所说："一个人就好像是一个分数，他的实际才能好比分子，而他对自己的估价好比分母，分母越大，则分数的值越小。"

球王贝利不知踢进过多少个好球。他那超凡的球技不仅令千千万万的球迷心醉，还常常使场上的对手拍手叫绝。有人问贝利："你哪次球踢得最好？"

贝利回答说："下一个。"

当球王贝利创造进球满一千的纪录后，有人问他："你对这些球中的哪一个最满意？"

贝利意味深长地回答说："第一千零一个。"

另外，还有爱因斯坦的故事：

爱因斯坦是个名满天下的科学家，据说有一次他的学生问他："老师的知识那么渊博，为何还能做到学而不厌呢？"

爱因斯坦很幽默地解释道："假如把人的已知部分比作一个圆的话，圆

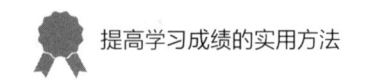

外便是人的未知部分，所以说圆越大，其周长就越长，他所接触的未知部分就越多。现在，我这个圆比你的圆大，所以，我发现自己尚未掌握的知识自然比你多，这样的话，我怎么还懈怠得下来呢？"

总之，你应该明白一个道理：天外有天，人外有人。很多事物的优越性是相对的，我们所拥有的，永远都微不足道，所以我们没有理由不谦虚一点儿。学生们，无论你现在学习成绩如何，你都应该明白，你需要学习的知识还有很多。为此，你不妨多请教他人，这样他人能帮助你看到自己的不足。

然而，人都是有自满情绪的，尤其是当自己取得了一定的成绩后。有的人心态便会变得不一样，甚至在穿着打扮上也会超前很多，说话、动作都会狂妄起来，并急于把自己的成绩告诉别人，生怕别人不知道，他满以为，这样周围的人会对他刮目相看。而对于周围人的吹捧，他也很受用。但是，只要有这种感觉，人的意志就会消沉，就会骄傲自满，人的精神会沉浸于那种享受中，不会再努力地学习和工作，也就停止了进步。

任何一个人都有成为最好的愿望，但什么是最好的呢？其实，最好的结果永远在下一次，下一次就是明天，就是将来，正因为你没有达到，你才有不断进取的动力。在取得成绩时，你当然应该高兴，应该庆祝，但你必须保持清醒的头脑，必须告诉自己：我还可以做得更好。永不满足才是促使你不断攀登人生高峰的前提！

不喜欢的学科也要好好学习

俗话说，兴趣是最好的老师。在学习中，兴趣是一种强大的动力，一旦人们对某一学科产生兴趣，就会促使他们积极探索，克服困难，直至成功。许多科学家在某一方面取得显著成绩，也是与他们的兴趣密切相关。因此，在学习中培养学习兴趣是十分重要的。人的兴趣是在后天中逐渐形成和培养起来的，学习兴趣也不例外。

然而，作为一名学生，必须面对考试的压力，努力学习的动力也是为了考上一个好的学校。对大部分学生来说，学科知识多是枯燥的，再加上一些学生可能不喜欢某门学科的老师，或者学习底子差，进而逐渐开始不喜欢这门课。而对学科没有兴趣反过来也让他们没有学习动力，学习成绩自然会下降。

"我在学习上有一个烦恼，有些学科，比如英语、历史，不知为什么就是无法产生兴趣，我也知道这是不对的，我该怎么办？"

可能有不少学生有这样的烦恼，对于自己不喜欢的学科，越是不喜欢，就越不想学，久而久之，导致自己学习成绩越来越差。那么，对不感兴趣的学科应该怎样对待呢？

1. 正确认识不同学科的价值和意义

你不喜欢某一门学科，可能是因为你对这门学科的重要性认识不足。而且有些课的内容本身枯燥，不一定是老师的责任。但是，如果你承认它"有用"，那么就必须学习。学会做好不喜欢做的事情，也是走上社会之后必修的一课，无法任性地逃避。

曾经有一个学生，在中学时并不喜欢生物课，后来回到家乡，有一次，邻居饲养的鸡群突然发生疾病，他利用所学的知识帮助邻居解决了问题，这时他发现了知识的作用，从此刻苦钻研，后来成为远近闻名的兽医。

从这个事例中你是否能够得到一些启发？例如，你不喜欢英语，但英语是一门工具课，无论你将来从事何种职业，都是要用到英语的。如果你等到需要用的时候再努力，就失去了最佳的发展时机。再如，学历史，也许你会说，我将来准备选择理工科，不知道历史知识没关系。那么，我们不妨再来看一个真实的故事：

曾获得福建语文单科"状元"的张汉威，在作文《诚信》中列举了古今中外大量的事例，如西安事变、周幽王烽火戏诸侯等，旁征博引，以翔实的材料阐述了关于诚信的重要性和必要性，从而获得了高分，这是因为他平时阅读了大量的历史书籍。谈到学习成功的秘诀，他认为，其一，千万别偏科，这样才能"东方不亮西方亮"；其二，看书，了解国计民生……现代学科越来越倾向于知识融合。事实证明，一个人的知识面过于狭窄，往往不利于将来的发展。

因此，每个学生要以张汉威为榜样，要能够从更高的视点，去看待不同学科的价值与作用，并且学好它们。

2. 假装喜欢这些学科

人的态度对学习是很重要的，有时态度决定一切。心理学的研究表明，当一个人对某一事物不感兴趣时，可以假装喜欢，告诉自己，其实我挺愿意去做这件事的。这样，一段时间以后，你就会在不知不觉中改变自己的态度，变得对这件事情感兴趣了。

3. 不喜欢这些学科可能与学习成绩有关

其实很多东西，在你不会，或没有获得成就感的时候，往往是"没意思"的；如果你迫使自己去学习，并获得进步，这时可能就会发现兴趣。

如果你在这些学科上的成绩不太理想，不要过分焦虑，不妨降低一点儿目标，采取逐步提高的办法。同时，可以了解一下别人的学习经验，加以借鉴。要相信，一分耕耘，一分收获。当你的成绩有所进步时，你的信心会因此得到增强，学习兴趣也就相应地得到了提高。

总之，你需要明白的是，无论你喜不喜欢一门课，你都要努力培养自己的学习兴趣，只有这样，你才能真正端正态度，努力学习。

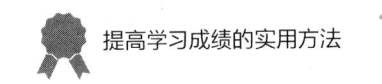

重视学习，别太看重考试分数

我们都知道，学习是学生的天职，每个学生都对自己的学习成绩尤其是考试分数很在意，很多时候，成绩似乎是学生的人格和面子。而其实，真正的成绩并不是最后考卷上的分数，而是在努力过程中汲取的知识，考试成绩也只是检验学习效果的一种手段而已。因此，任何一个学生，都不能为了所谓的分数而学习，而更应该重视努力学习的过程，并要告诫自己，每天进步一点点，不断积累知识，就能实现自我突破。

我们不妨来看下面一个故事：

每年的下半年，学校都会举行一次学生最佳优秀奖的颁奖活动，玲玲班上也进行了评选活动，结果，成绩并不怎么样的王佳佳却被选上了，很多同学不解：为什么王佳佳会被选上呢？

后来，就这一事，班主任还在班上进行了一次公开讲演："我知道，班上很多成绩好的同学会认为，凭什么让王佳佳拿这个奖，她成绩又不是最好的。可是，同学们，你们看到王佳佳的进步了吗？去年这时候，她每次考试都不及格，这个学期，她总是来得最早的，放学后，她还会来找我请教问题。另外，这个学期组织的几次会考中，王佳佳每次都有进步，她的学习态度非常好，每次交上来的作业也非常工整……"老师说完这些以后，班上鸦雀无声。

接着，班主任接着讲："我们不能以分数论英雄，学习成绩优异固然好，但我们更注重每个学生的进步，因为学习知识是一个长期的过程，需要你们做到持之以恒……"

考试只是检验学习情况的一种手段，是一项比较单一的检测，基本上是对学习的书本知识的抽查。分数永远只是个形式和手段，它不能证明你真正学到了多少知识，更不是衡量成绩的唯一标准。

学习就怕"认真"，水滴就能石穿，每天进步一点点，并不是很大的目标，也并不难实现。也许昨天，你通过努力学习获得了可喜的成绩，但今天的你必须学会超越，超越昨天的你，你才能更加进步，更加充实。人生的每一天都应该充满新鲜的东西。

对于学习阶段的你们来说，考试成绩也十分重要，在校园里就流行这样几句话："考考考，老师的法宝；分分分，学生的命根。""学生学习的动力是什么，老师教学的方法是什么？""学生，最关心的就是分数，老师最关心的就是考试。"这些流行语形象地反映了分数的重要性。所以，很多学生也急功近利地只要分数。只要考试成绩好，一切就万事大吉。甚至有一些学生，平时不努力，到考试时就投机取巧、走捷径，他们忽视了真正的成绩其实是在学习过程中获得的知识，而不是分数。

对待学习，你应有的心态是：每天都有点滴的进步，不仅能让自己的内在潜能得以充分发挥，也能积累成功的资本。

的确，不仅是学习，做任何事，成功就是每天进步一点点——只要你今天比昨天进步一点点，明天能比今天进步一点点，这样的过程就是成功。

学生要面临升学的压力，但千万不要只盯着分数，而要看学习效果，因为真正的成绩是点滴的进步。只要你坚持学习，每天进步一点点，做到从小成功到大成功的积累，你就会不断积累信心，就能实现最终的突破。

提高学习成绩的实用方法

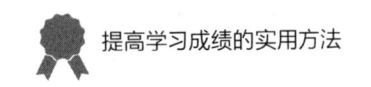

如何摆正自己的学习态度

知识改变命运，相信任何一个学生都知道这个道理，读书是为了获取知识，让自己未来的人生路走得更平坦。因此，在学习前，你一定要摆正心态，学习是自己的事。考虑清楚这个问题，相信你也能找到努力学习的动力！

学霸吴敌是这样学习的：

吴敌的父母称，吴敌能取得好成绩，家长其实并没有操多少心。从小到大，吴敌都把学习当作自己的事情，他们感到比较轻松。

"吴敌一两岁的时候，还不认字，我们就买了一些图画书，跟他一起'读'书，讲述书中的故事给他听，让他领悟读书的乐趣。从懂事起，我们就常跟他说，家长在不在身边都要认真学习，学习不是为家长，也不是为老师，只有把学习当作自己的事情，才能把书读好。从小学开始，吴敌就很自然地爱上了学习。每天下午放学回家，第一件事情就是完成老师布置的作业。我们忙于自己的工作，从不盯着他做作业，也很少去检查、订正他的作业。他如果把作业做错了，老师怎么要求他订正，他也是一人做事一人当，从不找我们家长'耍赖'。记得那时候，小学生放暑假（寒假）前，还要带回家一册厚厚的暑假（寒假）作业。放假没有多少天，吴敌就三下五除二，把它们统统给解决掉了，然后利用余下较长的假期，找课外书看或找小伙伴们玩。见他这样争气，我们也乐得省心，成了名副其实的'懒'家长。在学习的舞台上，他是主角，我们做家长的是欣赏者、喝彩者，偶尔帮他跑跑龙套，做一些学习资料搜集等服务性工作。"

从吴敌父母的话中可以看出来，吴敌之所以能取得这样的成绩，其实与其自主、自觉地学习有很大关系的。的确，一个学生，只有把学习当作自己的事情，知道读书不是为了家长许诺的某种物质奖励，不是为了父母的面子，而是为了自己成长的需要时，他读书才有一种内在的、持续的动力。

英国哲学家培根说过："习惯是一种顽强而巨大的力量，它可以主宰人的一生。"作为学生，一定要在学习中树立正确的心态，从而通过教育培养一种良好的习惯。学习时，当你明白自己为谁而读书，为什么而读书，你就会有一种向前的驱动力，你就会觉得学习是一种乐趣，也就能克服学习中遇到的各种困难，学习积极性提高了，学习效率也就提高了。

哈佛大学前任校长劳伦斯·H.萨默斯曾经在课堂上建议每一个哈佛学生，每天都问自己一个问题："我为什么要学习？"

表面上看，这是一个很简单的问题，实则非常重要，因为一个人只有具备良好的学习动机，才能有强烈的学习欲望。而相反，如果一个人没有良好的学习动机，不明白做事的目的，就很难产生强大的内驱力。

所以，对学生来说，如果你不明白自己为什么学习、为谁学习的问题，那么，你就看不到学习的必要性，也就永远不会具有学习的动力。

的确，很多青少年对自己的人生感到迷茫，不明白自己为谁读书，为谁学习，认为是为父母学习，为了给父母争面子，而这种学习态度直接导致了他们对待学习和生活冷漠，没有热情，对什么都没有兴趣，觉得整个世界是没有意义的，整个精神状态看起来无精打采的，对什么都不在乎。

其实，你要明白，读书是为了自己。年幼的时候，可能你不懂为什么父母要你好好读书，但父母的社会经验告诉你，在这样一个竞争十分激烈的社会中，没有知识，就等于没有生存的本领，每个人都在用知识为了自己的未来打拼。寒窗苦读的过程的确很辛苦，但这是一个人立于世的必经过程。

有了这样的心态，即使你在学习的过程中遇到了很大的压力，让你喘不

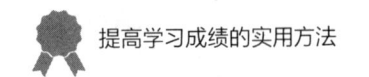

过气,你也可以选择适当的方式发泄一下。不管怎么样,不要去抱怨父母什么,尽快调整自己的心态,自己的未来在自己的手中,谁也不能替你去主宰。未来,就在眼前,需要你努力加油!

考试保持良好心态，才能出奇制胜

我们都知道，每个学生都不可避免地要面对各种各样的考试，在考试面前，大部分学生会有一定的紧张心理，也有一些学生会因为平时不努力而抱着临时抱佛脚的心态，其实，这些心态都是导致他们考不好的一大原因。相反，那些注重平时积累、在考试前做到了有针对性地复习的学生，多半能做到"以不变应万变"，最终获得理想的成绩。其实，考试最终还是要靠自己的综合实力，绝不是靠运气就能获得成功的，因此在考试中抱有投机心理，是绝不会取得好成绩的。

因此，要想真正考好，除了注重平时的积累，你还需要掌握一些消除考试紧张心理的方法：

1. 建立成功的自我意象

佛斯迪克认为："生动地把自己想象成失败者，这就使你不能取胜；生动地把自己想象成胜利者，将带来无法估量的成功。"要想取得考试的成功，就必须在内心确立成功的自我意象。因此，在考试前，你完全不必为考试承担多大的心理压力，尽量放松自己，心里想象着自己已经取得了好的成绩，然后让这一份好的心态带你进入考试，相信你会获得好成绩。

2. 调整心态，沉着应考

在考试前，你可以做几次放松自己的训练，例如，你可以做几次深呼吸，然后暗示自己："我的状态不错，可以取得好成绩。"在考前几分钟应该自己安静独处，不要再和别人讨论知识上的问题，以免破坏自己胸有成竹的感觉。

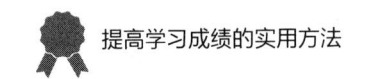

3. 调整睡眠,不要开夜车

一般晚上10点左右,就应该做睡眠的准备了。人如果睡眠不足,就容易烦躁,思维速度跟不上;上课迷糊,注意力不集中,想努力听讲,可听一会儿就走神了。你应该清楚每天能做多少事,然后集中最好的状态去做。人的精力都是有限的,休息是为了更好地学习。

当然除了睡觉外,运动、听音乐、聊聊天、翻翻杂志、看看电视,都是自我放松和休息的方式。

运动减压是很好的放松方式,散步、打球等运动对缓解紧张情绪很有帮助。此外,轻柔的音乐也可以让人缓解和释放压力。

每个学生都必须面对各种各样的考试,你只有做到努力在平时,做好点滴的积累,才能避免因为准备不充分而导致的考试紧张,才能做到厚积薄发。

无监督学习才是深度学习的未来

生活中，我们不难发现一个现象，两个年龄相仿的学生，学习着相同的内容，学习成绩好的一定是那个主动学习、主动发问的学生，因为他的自主学习能力较强，不需要家长和老师的督促。相反，学习成绩差的，一定是那个处处需要老师和家长指引和督促的学生。事实上，学习效果与自主能力是成正比的。任何一个人的才能都不是凭空获得的，学习是唯一的途径。学习的过程，就应该是一个主动求知的过程。任何一个学生都应该学会自主学习。

学霸史方舟说："我较为内向，不善发问，仅是被动接受老师所教的内容。经过与老师和同学的交谈，我鼓起勇气开始发问。最初所问的问题大多是公理、定理等一些客观公式。但随着时间的推移，所问问题也逐渐转变为主观思辨后所梳理的一些难题，甚至敢于讨论老师在教学过程中出现的些许疏漏。经过不断的锻炼，我才由被动地学习走向主动地思考，与老师的关系也由传统意义上的师生关系转为朋友关系，在学习过程中能放开手脚，多角度全方位地理解问题。记得每节课后，我们都逐渐养成一种习惯，每当下课时，许多同学围在黑板前向老师请教问题。即使暂时没有疑问的同学，也会认真听取他人的问题，参与讨论。集体的智慧往往能创造出令人满意的成果，能留下刻骨铭心的印象，集思广益无异于借他人的脑袋为自己思考。"

现代教育提倡尊重学生积极表达和自主发言，反对"填鸭"和"满堂灌"，作为青少年自身，也应该培养自己的自主学习意识和能力，而不是一味地等待老师把知识"喂"给你。

对学生来说，可能你已经习惯了"填鸭式""灌输式"的教育方式，你已经习惯了在老师或者父母的监督下学习，一直处于被动学习的状态。而事实上，这已经是一个终身教育时代，学习已经成为一个人一辈子的事情。《学会生存》一书中指出："未来的'文盲'不再是不识字的人，而是没有学会怎样学习的人。"随着时代的进步，知识更新换代非常快，你如果不想被时代抛弃，就必须转变自己的学习观念。

人终究是要步入社会的，而那时，你不可能再接受老师和家长的知识灌输，这就要考验你的自学能力了。所以说，未来的竞争是自学能力的竞争。教育反映时代精神，在这个知识更新飞快的时代，只是一味地等待老师喂给你知识已经不现实了。

为此，你需要做到以下几点。

1. 明确学习目的

你为什么而学习？是父母强逼你学习，还是你有着伟大的梦想？如果你总是认为学习是一件无奈的事，那你又怎么可能投入全部的热情学习呢？因此，你不妨重新考虑一下自己的学习目的，真的是为了他人吗？

2. 学会排除各种干扰，消除各种杂念

一心一意想学习，全心全意谋进步，也就是心要静。如果你整天为一些生活琐事和儿女情长之事烦恼，你又怎么能重视学习呢？整天想着"数学作业老师不检查，我不做了""语文做了也白做，不做了""这章节太容易，有啥学的"，你的心又怎么能静下来呢？

3. 早动手

在学习上，你若动手得早，你就有足够的时间，你做的准备就越充分；你动手得晚，你的时间就越少，你的心就会越焦躁。

4. 制订详细的学习计划

无目的的学习是没有好效果的，效率差的学习会让你的自信心逐渐消失殆尽，因此，你最好制订一份详细的学习计划：每天干什么，什么时间干，要有详细的计划，计划要切合实际，要略高于自己现在的学习能力。

从明天起，你将开始全新生活，制订一个详细的计划，让它来规范自己，约束自己，提醒自己，鞭策自己！依计划而行，则有条不紊，顺理成章；无计划行事，则茫无目的，失去所向。

制定目标，在努力中越挫越勇

我们都知道，目标有指引作用。所谓目标，指的就是想要达到的境地或标准。在学习过程中，一旦制订了一个目标，就会从内心深处产生一种力量，努力朝着所定的目标前进。目标，是一种希望，在希望的激发之下，人才会不断地追求进步。所以，为了提高学习成绩和效率，在学习的过程中，需要设立非常明确的目标。

当然，任何事情都不是一劳永逸的，学习更是如此。在执行学习目标的过程中，难免会遇到一些挫折，此时，你更要发挥目标的鼓励作用。目标要能促使你克服各种挫折和困难，并为之奋斗，能对自己起到良好的约束和督促作用。

学霸林丽渊曾说："我从小的梦想就是考上复旦大学。当我疲惫不堪想要放弃的时候，我想到了我的梦想；当我遇到困难想逃避的时候，我的梦想在告诉我逃避可不行；当我获得小成功时，我告诉自己，笑到最后才是赢……有梦想就有动力，这个目标要符合自己的情况。老师打过一个比方：目标就如树上的苹果，如果你伸手就够得着，那它就太低了。如果你得跳起来，并拼命跳起来才能抓得住，那它就是最理想的。"

很多学生希望进入自己理想的学府，而这除了需要他们打好升学考试这一仗之外，还需要他们在日常生活中严格执行自己的学习计划。而学习的过程是艰苦的，你千万不要遇到一点困难就惊慌失措，也不要因一些小事而分散精力，把所有能投入的精力全部投入学习中，只有这样，才能不断实现自己的学习目标。

计划是实现学习目标的蓝图。每一个学生都应该有自己的学习目标，而目标的实现，要脚踏实地、有步骤地完成计划。为了实现学习目标，制订计划后就要努力去实现它，就会使自己离目标越来越近，而且每一个行动都具有明确的目的。

然而，计划执行的过程中总会出现这样那样的困难。古人云："行百里者半九十。"这句话告诉我们：做事越是接近成功，就越是困难重重。但这也是磨炼意志的过程。而实施计划，可以磨炼意志。打垮困难，你便在心态和知识的获取上都步入了一个新台阶。

有了计划，把自己的行为置于计划之中，就具有了明确的目的。生活是千变万化的，会千方百计地冲击你的学习计划，其中就包括困难和挫折，它们总要引诱你离开计划，这就是理想的计划和实际学习生活之间的矛盾。矛盾出现后，为了实现自己的学习计划，就要排除一切困难和干扰，在这个过程中，意志品质受到了磨炼，动机受到了考验。一般来讲，意志品质越好，计划越容易实现，学习上的收获、进步就会与日俱增。看到这些进步，不仅心情愉快，而且可以不断增加实现计划的信心。

一旦你在学习的过程中练就了踩着困难前进的意志力，长此以往，你一定能养成一种良好的学习习惯，可以使自己的学习生活节奏分明，一旦形成了条件反射，该学习时就能安心学习，该锻炼时就能自觉去锻炼，所有这些都成了自觉行动。

当然，要做到踩着困难前进，这并不是一句口号，还需要你在学习中找出问题产生的原因，做到不断总结经验和教训，只有这样，你才能不断获得进步，也才能真正实现将难题踩在脚下。

总之，任何一个学生需要的是中流击水、浪遏飞舟的勇气；是力挫群雄、蟾宫折桂的锐气；是决战决胜、金榜题名的豪气；是独占鳌头、舍我其谁的霸气！曾经的挫折已为你铺路，昔日的梦想在为你引航，只要踏踏实实肯干，一定会硕果累累荣归！

第 3 章

目标效应，目标引领自己努力学习的方向
——提高学习的主动性

　　目标效应是一种积极的效应，一旦我们确立了明确的目标，就会朝着这个目标不断地前进，直至实现这个目标。在学习中，很多学生缺乏主动性，讨厌学习，其实这就是因为缺少目标，所有的成功者最初都是从制订一个小小的目标开始的，一旦拥有了目标，你就会产生无穷的力量。

制定目标要注重当下

物竞天择，适者生存，当今社会更是一个处处充满竞争的社会。一个人要想从竞争者中脱颖而出，就必须做到有计划、有目标，不打无准备之战。相反，那些失败者之所以迟迟不准备，是因为他们不知道自己从哪里着手，一个人看不到前方的路，看不到希望，又怎么有信心、有决心成功呢？

对学生来说，现阶段最主要的任务是学习，然而，怎样才能获得学习的动力？那就是人生梦想和目标。爱因斯坦说："想象力比知识更重要，是知识进化的源泉。"如果你想成为什么样的人，首先，你就要敢于为自己编织梦想，只有树立明确的人生目标，你当下的学习和生活才更有动力。

事实上，很多学霸之所以能获得优异的成绩，与他们有自己的目标和追求是分不开的。

陶佳轩的老师唐老师说，陶佳轩考出这个成绩他丝毫不觉得惊讶。学校高手如云，年级里历次大考中虽然是"状元轮流做"，但陶佳轩是拿到第一名次数最多的人。"她一直以上北京大学为目标，但她很有智慧，把考北大的远大志向当作'目标'而非'负担'。她对考试完全不带功利心，只求进步，不问结果，不计较一时的得失成败，不给自己增添心理负担。所以最后，她轻装上阵，一举成功。"

人生要有一个为之奋斗的目标，在学习时，学生也要有近期目标、中远期目标和最终目标。你要知道下一步该怎么走，才会最充分地利用好宝贵的时间。树立远大的理想，一经确认，便奋不顾身地向它前进，为它奋斗，这可以成为支撑你学习的精神支柱。

当然，在树立人生目标后，你更应该做的是为目标而奋斗。现实生活中，每个人都有自己的理想，并渴望成功，而最终能成功的人只不过是极少数，大多数人只能与成功无缘。他们不能成功是因为他们往往空有大志却不肯低下头、弯下腰，不肯静下心来努力学习。要知道，只有一步一个脚印，踏实、不浮躁地学习，才能为成功奠定基础。而实际上，这正是生活中的一些青少年朋友所欠缺的。他们总是怨天尤人，给自己制订那些虚无缥缈的终极目标。

那么，具体说来，在制定人生目标时，你该注意些什么呢？

1. 制订完善的计划和标准

要想把事情做到最好，你心中必须有一个很高的标准，不能是一般的标准。在决定事情之前，要进行周密的调查论证，广泛征求意见，尽量把可能发生的情况考虑进去，尽可能避免出现1%的漏洞，直至达到预期效果。

2. 目标要适宜

你的自我期望要建立在自己的实际情况、切实可行的基础之上。作为一名中学生，你应该有理想，有志向，但这种理想和志向，不能是高不可攀的，也不应当是唾手可得的，而应该是通过一定的努力，可以实现的适宜的目标，应该符合个人的个性特点和实际的能力水平。

这个目标，必须适合你的兴趣、爱好。凡事要学会自己思考，别什么事都去问父母、老师，相信无论你做出什么决定，他们都会支持你。

3. 着眼于当下

你的目标不能太空，为此，制订计划时不要超过你的实际能力范围，而且内容一定要详尽。

例如，如果你想学习英语，那么你不妨制订一个学习计划，安排星期一、星期三和星期五下午5:30开始听20分钟的磁带，星期二和星期四学习语法。这样一来，你每个星期都能更实在地接近你的目标。

4. 做事要有条理有秩序，不可急躁

急躁是很多人的通病，但任何一件事，从计划到实现的阶段，总有一段所谓时机的存在，也就是需要一些时间让它自然成熟。假如过于急躁而不甘等待，经常会遭到破坏性的阻碍。因此，无论如何，你都要有耐心，压抑那股焦急不安的情绪，才不愧是真正的智者。

5. 立即行动，勤奋才能产生效果

我们都知道勤奋和效率的关系。在相同条件下，当一个人勤奋努力工作时，他所产生的效率肯定会大于他懒散工作时的。

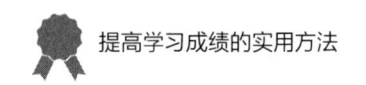

阶段性目标为努力找准方向

每个人的一生,多半是有目标的,大的目标应该是一个需要十年、二十年甚至几十年为之奋斗的,应该定得比较远大一些,这样有利于发挥自己的潜能。但由于某些不确定因素的存在,人生目标不一定非常具体详细,只要有一个明确的方向就可以。

而对学生来说,你们的目标应该是进入自己理想中的学校。因此,每个学生都会为自己制定一个学习目标,学习目标可以分为两方面内容:

一是学习的目标,或称学习阶段的总目标。如自己要知道学习到底是为了什么。为自己、为父母,或是为其他需要感激和感恩的人?为了将来的发展,为了上大学,为了证明自己的价值?这都是很不错的理由。只要你认为,它可以给你带来源源的动力,促使你向着自己希望的方向去发展,去努力,就可以把它当作自己的目标确定下来。可以说,这是人生中的阶段性目标。

二是步骤性目标,通过步骤性目标才能最终实现自己学习的总目标。例如,这一节课必须掌握哪些知识,一天的复习要包括哪些内容,一个月的学习要达到什么效果。小到 小时,大到 ·个月、一学期、一年,都要有目标,只有这样,才可以不懈怠、不放松,一步一个脚印地朝着自己的最终目标前进。

当然,要进入理想的学校,你还要制定一个年度目标,根据年度目标,可以具体量化学科分数指标和自己的心理成长指标。年度目标的制定既要符合你当前的学习水平,又要适当地高于自己的实际水平,以便促进自身的发展和成长。同时,为了目标清晰直观,你可以在班级中大致估算对比一下,找到和自己目标接近的同学。例如,某位同学目前的水平应该可以考上你理想的学校，就把他作为实际中追赶的对象。经验告诉我们，只要目标明确、方法得当，一年的时间成绩在班级提升10至20名是常有的事情。

有了年度目标，还要学会将目标阶段化，这也是学霸们为大家分享的经验，因为只有这样才能由目标逐步落实到任务。首先，由年度目标得出中期目标。按照前松后紧的原则，学霸们建议大家（初中生）在初三前半年落实任务的40%，如全年要提高10名，那么期中要提高4名。这是因为初三前半年还有一些新课程要学，而且就像物理中所讲到的那样，启动时的静摩擦力是最大的，我们需要在上半年付出一点时间和精力，调整自己的心态，使之进入良好的程序和状态。可以说，前半年能够完成中期目标的学生，年度目标通常都能够顺利完成，因为越到后面，心理因素和压力调整就会发挥越大的作用。

接下来就是每个月的短期目标了。制定短期目标应注意以下几个方面的问题。

第一，要对自己做一个全面的分析。制定目标为自己的未来勾画了一个蓝图，描绘了到达最终目的地的时间和要求，但究竟如何起步，还得从自身的现状出发。因此，要充分分析自己的目前情况。例如，自己有哪些优势和不足，如何发挥优势、克服不足；自己的各科潜能如何，是否已经充分发挥出来了；自己各科成绩如何，偏科情况如何，如何补救；自己的学习毅力和勤奋程度如何；自己的学习方法和学习效率怎样，需做哪些改进，等等。

第二，可以把每个月定名，确定主题。例如：

一月为"力学月"。

目标：熟练运用受力分析，掌握物理题中与力学有关的各种考点。

任务：找出各种和力学有关的题型，把它们归纳成四五大类，十种已知，八种求解。

具体做法：归纳力学主要知识点，研究习题册和考卷中的题目。

第三，偏科越严重的科目越要先补，分值越大的科目越要先补。你要根据自己的学习潜能、学习成绩、学习方法、努力程度等实际情况，制订自己的行动计划，主要是明确自己将要在哪些方面采取什么样的措施。如在外语学习方面，要加大课外时间的投入，选择较好的英语参考书，提高阅读能力，增加词汇量；在语文学习方面，增加课外阅读书报量，逐渐丰富作文素材，提高作文能力。

第四，合理利用零碎时间。语文和英语要细水长流，强烈建议利用每天的零散时间来背诵单词和复习文学常识，具体任务可以下达到每月，但是不能影响该月的主题。

计划赶不上变化，适时调整目标

计划对于一个人的学习起着至关重要的作用。就连那些指挥作战的军事家，在战斗打响前也都会制订几套作战方案；企业家在产品投放市场前，也会制订营销计划。而在学习中，学会制订计划，其意义是很大的，它是实现目标的必由之路。

因此，任何一个学生都应该明白，学习千万不能盲目，策略的第一步应该是明确自己的目标，有目标才会有动力，有了动力才能够前进。

当你在学习中有了明确的目标，并能把自己的学习与目标不断地加以对照，进而清楚地知道自己的行进速度与目标之间的距离，你的学习成绩就会得到维持和提高，就会自觉地克服一切困难，努力实现学习目标。因而在学习的过程中心怀目标，充满激情地去学习，你一定会取得满意的成绩。

诚然，我们应该肯定目标的重要意义，但这并不代表我们应该固守目标、一成不变。很多学霸建议学生们，要不断调整自己的目标。也许你一直向往清华北大，一直想排名第一，但是如果某些科目经过努力仍无法提高的话，就应该调整自己的目标，否则不能实现的目标会使你失去信心，影响学习的效率。因此，有一个不切实际的目标就等于没有目标。一位名人说得好："生命的要务不是超越他人，而是超越自己。"所以，你一定要根据自己的实际情况制定目标，跟别人比是痛苦的根源，跟自己的过去比才是动力和快乐的源泉。这一点不光可以用在学习上，在以后的生活和工作中都用得着，这将会对你的一生产生积极的影响。

目标也不一定是一成不变的，它可以随着自己实力的变化而变化，无须过高，也不能过低。有一位学霸说过："高一的时候，我只能保证自己上武汉大学；高二时改为人民大学；到了高三，我便把目标锁定北大，并为此奋斗不止。我喜欢这样的追赶，去追寻遥遥领先的理想，在追赶中，我觉得自己是人生的主人。"

玲玲是一名初三的学生，还有3个月，她就要上"战场"了。这天周末，姨妈来她家作客，玲玲陪姨妈聊天，话题很容易便聊到玲玲中考这件事上了。

姨妈问玲玲："你想上什么大学啊？"

"浙江大学。"玲玲脱口而出。

"我记得你上初一的时候跟我说的是清华，那时候你信誓旦旦说自己一定要考上，现在怎么降低标准了？玲玲，你这样可不行。"

"哎呀，姨妈，咱得实际点儿是不是。初一的时候，树立一个远大的目标是为了激励自己不断努力。但到了初三，我自己的实力如何我很清楚，我发现，考清华已经不现实了，如果还是抱着当初的目标，那么我的自信心只会不断递减，哪里来的动力学习呢？您说是不是？"

"你说得倒也对，制定任何目标都应该实事求是，而不应该好高骛远啊！看来，我也不能给我们家倩倩太大压力，让她自己决定上哪个学校吧。"

这则案例中，玲玲的话很有道理。的确，任何计划和目标的制订，都应该根据自身的情况和时间段制订，不切实际的目标只会打击学习的自信心。

另外，即使你依然在执行当初的计划，但计划里总有不适宜的部分，对此，也需要及时调整。也就是说，当计划执行到一个阶段以后，你需要检查一下学习的效果，并对原计划中不适宜的地方进行调整，一个新的更适合自己的计划将会对今后的备考更加有效。

因此，你可以把自己的目标细化，把大目标分成若干个小目标，把长期目标分成一个个阶段性目标，最后根据细化后的目标制订学习计划。另外，由于每科都有自身的特点，所以必须针对每一科目制订各自的细化目标。细化目标也能帮助你及时调整自己的目标。

总之，你应该根据自己的实际情况，制订一个通过自己的努力能够实现的目标，并且目标不是一成不变的，要根据实际情况不断进行调整。经过一段时间的实践，你一定能够确定一个给自己带来源源不断的动力的目标。

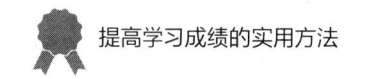

制定目标要全面合理且有效

高尔基说过:"一个人追求的目标越高,他的才能就发展得越快,对社会就越有益。"一个人有了明确的目标,会始终处于一种主动求发展的竞技状态,能充分发挥主观能动性,能精神饱满地投入学习和工作中,能够脱离低级趣味的影响,而且为达到目标能够有所放弃,一心向学。

在实际中,往往是奋斗目标越鲜明、越具体,越有益于成功。一个登山运动员之所以能征服高山,是因为顶峰这个目标时刻在他心中。一个成功者之所以能取得成就,也是因为他心中固守着一个目标。同样,一个学习者要攀登学业的高峰,也需要有明确目标的引导和鼓舞。

目标有长短之分。一个人一生的奋斗目标或者相当一段时期内的目标属于长期目标;而学期学习目标、月学习目标乃至日学习目标属于短期目标。在制定目标的时候,每个人应该根据自己的实际情况,制定出自己不同阶段的奋斗目标,其中应该包括较长期目标和短期目标。通常,就学生来说,取得较好的学习成绩是每位学生近期的目标,而考上理想的大学,成为对国家、对社会有用之人,成为有所建树、有所发明、有所创造之人,是每一位学生的长远目标。

学习目标的制定也要遵循一定要求。对此,我们不妨先来听听学霸们的经验:

"同是24小时,不同的人会有不同的效率。如有的同学善于科学安排自己的学习时间,学习、生活、休息井井有条,学习效果也很好;有的同学却相反,不善于安排时间,整天忙作一团,学习、生活无规律,学习效率也不高。

所以，科学安排学习时间是非常重要的。那么，怎么安排才算合理？拟好计划。首先要清楚一周内所要做的事情、所要达到的目标，然后制订一张日作息时间表。在表上填上那些非花不可的时间，如吃饭、睡觉、上课、娱乐等。安排完这些时间之后，选定合适的、固定的时间用于学习，必须留出足够的时间来完成正常的阅读和课后作业。当然，学习不应该占据作息时间表上全部的空闲时间，得给休息、爱好、娱乐留出一些时间。这一点对学习很重要，值得注意。"

从这位学霸的经验中，我们不难看出他制定的学习目标是合理。的确，只有合理的目标才是可操作的。

那么，具体来说，学习目标的制定需要遵守哪些要求呢？

1. 全面

在安排时间时，既要考虑学习，也要考虑休息和娱乐；既要考虑课内学习、课外学习，还要考虑不同学科的时间搭配。

2. 合理

要找出每天学习的最佳时间，如有的同学早晨头脑清醒，最适合记忆和思考；有的同学则晚上学习效果更好。要在最佳时间里完成较重要的学习任务。此外，注意文理交叉安排，如复习一会儿语文，就做几道算术题，然后再复习自然常识、外语等。

3. 有效

要根据事情的轻重缓急来安排时间。一般来说，把重要的或困难的学习任务放在前面来完成，因为这时候精力充沛，思维活跃，而把比较容易的放到稍后去做。此外，较小的任务可以放在零星时间去完成，以充分做到见缝插针。

一天中供自己安排的时间基本上分为4段：早上起床到上学，上午放学到下午上学，下午放学到吃晚饭前，吃晚饭后到睡觉。同学们主要在这4段时间里统筹安排自己的学习生活内容。

在进行时间安排时，还要注意以下两点：

1. 要突出重点

也就是说，要根据自我分析中提出的学习重点或比较薄弱的学科，在时间上给予重点保证。

2. 要有机动时间

计划不要排得太满太紧，贪心的计划是难以坚持的。

定了计划，一定要实行，不按计划办事，计划是没有用的。为了使计划不落空，要对计划的实行情况定期检查。可以制订一个计划检查表，把什么时间完成什么任务达到什么进度，列成表格，完成一项就打上"√"。

制定目标需要坚持三个原则

没有目标就没有动力，人能走多远首先取决于是否找准自己的目标，只有选准方向，才能持久稳健地走下去，才有望达到"顶峰"。一个人没有目标，就像一艘轮船没有舵，只能随波逐流，无法掌握方向，最终搁浅在绝望、失败、消沉的海滩上。

的确，有了计划，每一步干什么都明确，不用白费时间去想下一步干什么，也不用为决定下一步干什么而游移不定。好的学习计划可以帮助你提高学习效率，但是该如何制订学习计划才是科学合理的呢？我们先来听听学霸们的经验：

"有规律的生活、学习节奏在我的学习中发挥了不小的作用。合理地安排好什么时候该做什么事，能有效地减轻学习负担，使我保持学习的兴趣。举例来说，原来我每天学2小时的数学，这对我是恰当的学习时间。这一次考试的数学成绩不是很理想，那么从今天开始我每天用3小时来学数学，这种想法就是错误的。因为我们不可能长期保持每天3小时学习数学而不会感到厌烦。学习一旦使人感到厌烦了，学习的效果就会直线下降，这个时候正确的方法是保持过去适合自己的学习时间不动摇。一次考试的结果并不一定就能完全否定你之前的学习方法，学贵有恒，短期突击，或许能在短期内加强你的积累，但就长远来看将使人丧失学习的兴趣，断不可取。只要坚持每天按自己的节奏走下去，就一定能达到自己的目的。"

"确定每日、每周、每月的安排，坚持执行，必有成效。我在初三时的时间安排紧中有松。每天早晨7:00到教室，做半小时的英语练习，接着开始上课；中午回家吃饭后休息30～40分钟（注意：一定要躺下来休息）；1:20到校

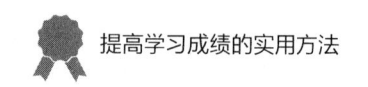

学习至2:50；下午及晚上基本按照学校的课程表安排学习。同时，课间休息也是十分必要的，最好离座走动一下。中午学习不必很紧张，有空不妨看看报纸和杂志，既可以放松大脑，又可以为作文积累素材。一周之中一定要为自己安排一个放松的时间，如周六晚上或周日上午，完全丢开学习，放松身心。

"学习计划不必专门拟订成文，定好时间安排后，可以利用晚上睡前几分钟对第二天学习的具体内容做个规划。此外，如果有偏科情况，可在晚上放学后适当加以补习，但时间不宜过长，必须保证充足的睡眠。安排学习时，最好征求一下老师的意见，尤其是自己的弱势学科，更要重视老师的建议。"

从上面的经验分享中，我们大致可以看出他们制定学习目标的原则：具体、明确。学习目标是学生学习的努力方向，正确的学习目标能催人奋进，从而产生为实现这一目标去奋斗的力量。没有学习目标，就像漫步在街头不知走向何处的流浪汉一样，是对学习时光的极大浪费。

总体来说，在制定目标时应把握以下3点原则：适当、明确、具体。

1. 适当

适当就是指目标不能定得过高或过低。过高了，最终无法实现，容易使人丧失信心，使计划成为一纸空文；过低了，无须努力就能达到，不利于使人进步。要根据自己的实际情况提出经过努力能够达到的目标。

2. 明确

明确就是指学习目标要便于对照和检查。如"今后要努力学习，争取更大进步"这一目标就不明确，怎样努力呢？哪些方面要有进步？如果改为"数学课、语文课都要认真预习。数学成绩要在班级达到中上水平"，这样就明确了，以后是否达到就可以检查了。

3. 具体

具体就是指目标要便于实现，如怎样才能达到"数学中上水平"这一目标呢？可以具体化为：每天做10道计算题、5道应用题，每个数学公式都要准确无疑地背出来，等等。

当然，在制定学习目标前，你还应该对自己做一个全面的分析，尤其是偏科情况，针对偏科的原因也要具体分析。然后，把自由学习时间合理分析，要大胆减掉做题时间，变成更为合理的分析、总结和研究时间。为此，要多与老师一起商讨，在老师的辅导和讲解中厘清自己的思路，把解题能力提高一个档次。

明确的目标和计划可以磨炼意志

有人说,学习好比打仗,为了达到更好的学习效果,必须有自己的战略和战术。首先要做的就是明确目标、制订计划、合理安排时间,这样可以给自己建立好空间和时间的二维框架,让一切尽在掌握之中,就可以把自己有限的时间充分利用起来,不浪费一分一秒。想必每个学生都有自己的学习目标,但你真正充分利用自己的时间了吗?实际上,很多时候,你之所以会浪费时间,是因为你总是给自己的目标打折扣。当目标未完成时,你会告诉自己"差不多就可以了",于是你会扔下学习去参与其他活动,这样又怎么能高效学习呢?

任何一个学霸对待学习都是认真的,在完成学习任务上是不打折扣的:

"我觉得我也就是个很普通的学生。我最大的优点就是比较有毅力,不会轻言放弃。我确定了一个目标,就会克服一切困难,坚持去完成它。我想,就是这种对目标执着的劲头,让我更容易在考试中取得好成绩。"

"学习一定要有计划。我每天早上一醒来,就会想这一天有哪些事情要做、哪些章节要看、哪些习题要写。把每一天都计划好,每一天都按照自己的计划去严格地执行。晚上睡前还会自我检查,这些计划是不是都完成了,完成得是不是都能让自己满意。每一天给自己合理规划,每一周、每一月都是如此,这样就能高效率地学习和生活。"

的确,有计划是学习高效率的前提条件。在明确学习目标的基础上,你需要根据自己的学习特点和自身实际,所处的客观环境、条件,学习内容和任务来制订学习计划。为了科学地运筹时间,制订一个自己专属的学习计划很有必要。这样，不仅可以赢得更多的学习时间，也可以从整体上把握自己学习的方向和进度。但是，并不是所有学生都能真正按照学习目标学习，他们总是认为，目标完成得差不多就行了，如果总是给自己的目标打折扣，又怎么可能真正获得进步呢？

因此，目标一旦确立下来，就一定要立即行动去实施它，并且尽量做到不要有折扣。要知道，学习是容不得半点疏忽的，坐着不动更不可能提高成绩。想取得好的成绩，想成为优等生，就要下苦功，就要严格要求自己。

对此，你不妨这样做：在每天晚上结束了学习活动之后，你可以将每天的学习目标拿出来检查检查，完成了的就在前面打钩，没有完成的就在前面打上叉，然后统计完成的比例。刚开始的时候大概能完成60%，时间久了，基本上能维持在80%左右。

在确定了目标、制订了学习计划并且执行了计划后，若阶段性目标顺利实现了，则继续进行下一个目标；若没有实现，则要分析原因在哪里，然后重新制订目标、期限和计划。这里要强调的是，制订目标的目的是有一个强大的学习动力，动力的来源就是实现一个个阶段性目标后的成就感和下一个目标的期待和自信。当目标不能实现时，很难产生学习动力。

从这里还可以发现，阶段性目标的完成以及完善是有助于产生继续学习的动力的。人生最昂贵的代价之一就是：凡事等待明天。不要把希望寄托在明天，希望永远都在今天，希望就在现在。因此，学生们在学习上对自己要求严格一些，严格执行目标，才有可能超越自己，超越对手！

当然，这里还应该注意的是，大部分学生总是在没有做事之前信誓旦旦，一旦真正做起来，往往就只有三分钟热度，或者"三天打鱼，两天晒网"。所以，你要坚持不懈地向着目标前进。

总之，有行动才会有实现目标的可能。学习容不得半点马虎，每一个学生都应该制定自己的学习目标,并学会不折不扣地完成它,只有做到脚踏实地、有步骤地完成,你才可能不断实现你的目标,也才会逐渐取得好的学习效果。

第 4 章

巧妙复习，有效复习一小时胜过盲目学习一天
——最实用的复习方法

古语说："温故而知新。"对于有升学压力的学生来说，更应该认识到及时复习和坚持学习对于掌握知识的重要性。然而，到底什么样的方法才更有效呢？其实，因为个体存在差异，适合每个人的复习方法也不同，只有适合自己的学习方法才是有效的。当然，任何事物都是有规律可循的，多学习学霸们的复习经验，也能帮助我们找到合理的复习方法。

阶段性复习有助于掌握和巩固知识

作为一名学生应该知道，听课在学习中的重要性。但事实上，只听好课是无法真正掌握知识的。在听完课后，大脑中的知识点就像一个个漂亮的珍珠散落在地，必须通过"复习"这根线，把它们连成一串美丽的项链。可能你经常会有这样的感觉，在老师授课的过程中，你感觉自己已经全部掌握了这些知识，但在一段时间以后，你却已经把那些知识点忘得一干二净了，这是为什么呢？因为人的大脑都必须经过不断重复的过程，才能对某些事物形成真正的印象。

那些学霸们也都不是天才，他们也并非记忆力超人，他们之所以能取得令人羡慕的成绩，就是因为他们懂得复习的重要性，而复习就包括阶段性复习。可以说，阶段性复习是掌握和巩固知识的最佳方法。

关于如何进行阶段性复习，学霸们为我们支了以下几招。

第一，明确复习目标。复习目标对复习起着导向、激励、调节和评价的作用。复习目标的确定要依据以下三个方面。

1. 依据教材

复习要从教材整体性出发，按知识体系或按章节单元，抓住重点与难点，考虑复习目标，进一步对重点与难点知识进行加深与拓宽，从多层次、多角度认识重点与难点知识，以求解题时不会遇到大的障碍，紧扣住得分点。

2. 依据考试大纲

复习要按考试大纲规定的范围、内容、题型、答题要求落实复习目标。特别是把握题目的难度系数，难度大了会挫伤你复习的积极性和自信心；难度小了又会失去练习与考查的目的。

3. 了解自身实际情况

就是对自己的认知和能力要了解。以单元复习为例，你要清楚自己的薄弱环节所在，课堂上哪里没有听清楚的，都要在复习时重点对待，只有这样，才能做到查缺补漏，巩固知识。

第二，优化复习方法。好的复习课就像一篇优美的散文，形散而神不散，使你在获取知识的同时也得到一种精神上的享受。要达到这样的效果，就必须优化复习方法。要优化自己的复习方案，你需要做到以下几点。

（1）以课本为主。试题，具有新、全、活等特点，知识点多，覆盖面广，问题设计的角度新，题量大，对能力要求高。根据这些特点，复习时既要牢固掌握基础知识，又要会灵活运用基础知识去解决问题，既要全面掌握，又要突出重点。因此，扎扎实实地抓好课本知识点，把课本与资料有机地结合起来，使之互为补充，相得益彰。

（2）以课内为主。重视课下复习，并不代表你可以不重视课堂学习。相反，你最好在课堂上解决问题，上课前要认真做好课前准备，这样在课下复习时，就能减小复习难度。

（3）以练为主。复习的目的在于能运用知识，因此在阶段性复习中，你最好要做到多练，练的习题要"精"，练的方法要"活"，练的时间要"足"，训练应循序渐进，由浅入深，由简到繁。章节练习抓基础，单元练习抓重点，全面练习抓综合。多练能训练你的心理素质，使你在考场上熟能生巧，巧能升华，临阵不乱，沉着应战，克服非智力因素造成的不应有失分。

（4）以能力为主。知识和能力二者是密切相连的。知识的存在和增长，的确是能力产生和发展的必要条件。对某种能力的培养和考核，必须以相应的知识为载体。教师在传授知识、技能的同时，重点应放在对自身能力的培养上。

总之，你一定要重视阶段性复习，只有做好主动复习、自觉复习，才能真正做学习的主人。

调整好心态，提高复习效率

在面临大考前，总是有不少学生出现手忙脚乱的现象，复习效果不佳，学习进步不大。学习成果是由学习时间和效率共同作用下产生的。一些学生为了取得好成绩，会给自己增加很多复习时间，但挑战自己的身体极限、牺牲休息时间来学习，这样的复习效率是很低下的，成果并不能得到明显扩大。当自己的付出未得到想象中应有的回报时，复习意愿就会减弱，因此讲求效率很重要。

那么，该怎样提高复习效率呢？

第一，制订计划。一定要结合考试要求和自己的实际情况，制订一个全面的计划，并坚定地执行它，使复习顺畅有效。虽然计划可能会被某些预料不到的事情所打乱，但计划是不可缺的。这个计划应包括：

1. 重点练习中低档题

考生可以在教师指导下，把一模、二模试题进行筛选，已经熟练掌握的试题可以不做或少做，对于特别难的题也不能抓住不放，而对于中低档试题一定要抓住。考试一般有一条规律：真正拉开考生差距的是中低档试题。抓中低档试题可以提高考生复习的信心，也可以提高得分率。

2. 回归

黄金时段的复习要重新回归到基础知识、基本方法上来，回归到《考试说明》和课本上来。回归过程就是依据对模拟考试的反思重新进行梳理，是基础知识、主干知识、网络知识的再梳理、再巩固、再落实的过程。

3. 总结应试策略与应试心态

抽出一点时间回顾、总结一模、二模过程中的应试策略和应试心态。把点滴经验汇集起来，形成方法，摸索规律，复习就又上了一个台阶。

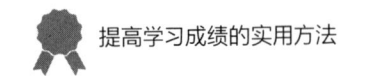

4. 练考纠错

在复习的最后阶段，可以找一些试卷当作正式考试，利用它们来反复练习。当然了，复习实质是努力寻找漏洞，而一旦发现了漏洞，具体来说就是错题，就应当把它积累下来，反复练习。

从这里也可以看出的一点是，考前的复习计划应当是理性的，是全局的安排。

第二，要认真执行计划。计划制订出来，只是完成了第一步，还要坚持认真执行。最好把计划贴在自己看得到的地方，以及时鞭策自己。要及时检查、监督计划执行情况，从检查中获得反馈，及时进行调整和补救。为了保证计划的高效执行，切记：

（1）每天到了规定的时间，就开始相应科目的学习，不要受任何影响。

（2）坐下后，尽量在最短的时间内使注意力集中起来。

（3）到了预定的时间，马上停止现有的学习，去做所安排的其他任务。

（4）学习桌上不要放与当前学习无关的东西，以免受干扰。

（5）提前完成任务时，可进行自我奖励，进行休息。

注意：上面的第（3）点必须严格执行，一定要养成在规定时间内完成相应任务的习惯，因为在任何的考试中都不允许你拖延一分钟。

第三，适当调适。在考前复习的这段时间，不少学生会对复习感到烦躁，也可能经常静不下心来学习，思维迟缓、注意力不集中，记忆力减弱。但如果真踏实下来、静下心来学半个小时，学习仿佛也没那么烦，再学一两个小时恐怕也没什么问题。这可能就是心理上的惯性，认识到这一点，大概就不会觉得坐下来有多难了，强制自己看几眼书，可能就会"渐入佳境"了。当然，长时间的伏案学习后就需要休息一下，可以散散步，听听音乐。适当的休息娱乐能保证身心健康，可以提高学习效率。

总之，你需要明白的是，考前的一段时间是复习的黄金时段，注意复习的习惯和方式，制订好复习计划，会帮助你提高复习效率。

掌握考试复习的四大要点

对于所有面临升学压力的学生来说，考前复习都是一个十分重要的学习过程，因为考前复习情况的好坏，直接关系到考试的结果。于是，很多学生会发出这样的疑问：考前该如何复习呢？与平时复习又有什么不同呢？对此，学霸告诉我们，考前复习，必须注意以下四大要点。

1. 以培养思维方法为主要任务

也就是说，考前的复习，不能再机械地重复知识。你要明白的是，在平时的学习过程中，你所积淀的知识已经足够你应付考试了。另外，现在升学考试的试题取材多是课本之外的现实问题，这就要求你要有一定的思维能力，能灵活地应对和解决这些问题。

2. 考前要注意调节情绪

考试前要保持坦然的心态，正确对待各种考试，不要把考试当成人生的全部，更不应把考试成绩当成评定自我价值的标准。学会快乐学习，让自己有更多的愉快情绪体验。研究也发现，快乐学习时学习效率才最高。

努力复习功课，积极进取，但不要刻意追求。主动配合老师完成教学计划，不要我行我素，与老师对立。要有一颗"平常心、平静心"来对待复习应考。做到了行动上的"不急"，心理才能"不躁"。情绪稳定了，学习效率才会高。同学之间不要斤斤计较，免得影响学习心境。

学霸于成亮总结出了自己考得好成绩的经验——注重错题纠错、注重总结反思、保持平稳心态。

对于他的第三个法宝，于成亮说，面对考试最重要的一点就是"心态决定成功"。考试前，学校举行了8次模拟考试，他的单次成绩多数是排在第三位，就连8次成绩加起来，于成亮仍是第三，只有最后一次模拟考试得的是年

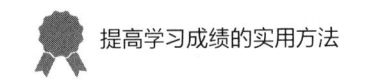

级第一名。最终，帮助于成亮赢得胜利的就是他平和的心态。

他建议大家，考试前不要想着要如何如何，应放松心情，把自己的真实水平发挥出来就是胜利。

心态对于考试的发挥有非常重要的作用，你一定要以一颗平常心对待考试。大部分学生的知识储备已经足够了，现在的关键就是将知识和答题技巧合理地、全面地运用出来，既不要太紧张焦虑，也不要彻底放松，还是需要绷紧一根弦，千万不要乱了阵脚，要一如既往坚持到考试结束。侥幸心理也是不可取的，因此，你要抱着"正常发挥就可以"的心态。

然而，在临考前的最后阶段，考生们或多或少都会出现疲倦、浮躁、焦虑的心情。如果你出现这样的情绪，一定不要一味地压抑，也不必过于忙碌或特意悠闲，做些自己喜欢的事就是一种放松。例如，看点课外书、散步、打球、听听舒缓的音乐等，可以让自己缓解紧张心情，调节好学习状态。

3. 经常进行积极的"自我暗示"

积极的自我暗示有鼓励作用，在复习时，如果你出现了紧张情绪，那么你可以这样暗示自己"我一定行，没有必要紧张"。如果失眠了，就告诉自己："失眠是不想睡，等困了就睡着了。"遇到不会的问题，告诉自己："相信我一定能做出，如果我不会别人也不会。"再如："我今天精神特别好，学习效率一定高。""这几天胃口好，身体 定不会有问题。"通过暗示，减轻心理压力，消除紧张的情绪，达到鼓舞斗志的目的。

4. 往最好处做，不要计较最后结果

抓住复习应考的机会，尽自己的最大努力，对考试结果不要过早思考、过分顾虑。在考试前不要谈论考试结果的问题，也不要给自己下达"硬性指标"。要因人而异地安排复习时间，不要打疲劳战术，充足的睡眠、健康的身体、清醒的头脑是高效率学习的保证。

随着考前复习进入最后攻坚阶段，在复习这一问题上，"彻底放松"和

"争分夺秒"都是不可取的。你要做到，相信自己，保持良好的心态，并在具体的复习过程中注重思维方法的培养。只有这样，你才能在考前将知识熟练地掌握并运用，从而以最佳的状态迎接考试。

制订适合自己的复习计划

生活中，无论是工作还是学习，我们都十分重视计划，好的计划等于成功的一半。对于面临升学压力的学生而言，都希望自己能在短时间成绩有一个质的飞跃，那么，你就要重视复习计划的作用。恰当的复习计划，有助于统筹兼顾地安排好各科的复习。目标明确的复习，会大大提高复习的效率。

可能你会有这样的想法，老师已经在平时为我们安排了复习计划，只要跟着老师的步子走就没有问题，又何必再费劲呢？这种想法极为不对，因为老师安排的复习计划是针对群体而言的，很难照顾到每个学生。所以，应该针对自己的情况，再制订一个适合自己的复习计划。这样两方面相互照应、配合，才会取得最佳的学习效果。

"我们可以制作一套表格，将那些实施效果栏分别填入A、B、C，比如，字母'A'可以代表'复习效果良好'，'B'就代表'复习效果一般'，而'C'就代表'没有实现预期的复习效果'。后期的复习中，对标A的内容就不必花费更多的时间，标B的内容就要在做题过程中多加注意，标C的内容则必须重做复习计划。"

另外，在制订适合自身的复习计划时，应注意要达到考试要求的考查程度，在各个时间段结束之后，有必要根据复习情况填写实施效果栏，并把在该部分复习时总结的易错题目类型填入相应表格中，以便冲刺复习时更有针对性。

而对于没有复习到位的知识，一定要在补救措施栏填好再复习计划，并在备考提示的重要事项备忘栏中进行备注，方便检查落实情况，真正做到不留考点死角。

那么，你可能又会产生疑问，到底什么样的计划才是真正适合自己的呢？其实，只要你在制订计划时多注意以下几点即可。

1. 注意时间分配，不必安排太紧

一些学生认为，升学考试是决定自己一生命运的关键，因此，在制订学习计划时一定要把时间安排得紧些，这样才能争分夺秒拼命学。实际上，这种复习计划是不合理的。

每个人的精力都是有限的。学校阶段确实该努力学习，但也不能超负荷运转。在制订计划时，一定要把体育锻炼、看电视等运动、娱乐的时间适当留出一些。一天的活动要富于变化，各有固定的时间和步骤，健康、有规律的生活，才是有效学习的基础。

另外，制订计划时，你还要考虑很多因素，如现在的学习情况、家庭环境、身体体质、最佳用脑时间、各科的难度特点等。

2. 不要无视老师的计划

个人计划不能与老师的计划相冲突，而应与其协调起来，作为其有益的补充，这样既抓住了复习的主体，又照顾到了自己。

3. 合理安排各科复习时间

根据自己对每门课的掌握情况，应合理分配各科复习所需要的时间，弱项多分配一些时间。另外，从制订计划开始到考前，对相应科目的复习遍数，以及每遍所采取的复习方式和所应达到的程度，最好都有明确的规定。

4. 复习时间的安排要细化

以一周为单位，除上课外，计算有多少时间可用于自己复习。把这些时间以1小时或1.5小时为单位划分成时间段，根据不同的时间段，安排相应的复习内容。目标分配得越精细、越明确，越有利于提高复习的效果。

总之，你需要明白的是，复习计划不是学习目的，只是学习的一种打算，一种安排，是借此来循序渐进地获取知识的一种手段。因此，复习并不是越详尽、时间安排越紧，就越有助于你提高学习成绩，只有合理的、适合自己的复习计划，才是最有效的。

找到适合自己的记忆方法

学生需要学习的科目众多，但人的精力有限，要记住课上课下的众多知识点并不容易，很多学生感到自己记忆力差。说到记忆，记忆的关键不是死记硬背，而是应该有自己的记忆方法。因为不同的人有不同的记忆习惯，大体可分三类：一是听觉型，二是视觉型，三是综合型。听觉型对听到的东西记得特别清楚，所以这类人在记忆时最好能念出来；而视觉型则需要多看，念出来则帮助不大。

对于如何记忆，蔡妮芩总结出自己的记忆方法——目录记忆法和闭目回想法。

她所说的目录记忆法，指的是：首先不要直接背内容，先把大目录背牢，然后再背小标题。这样体系建立了，各事件的关系也更明了，对整本书的理解也会加深。在背目录和小标题的时候会有很多新的领悟，直接背具体内容是很难体验到的。

另外，她说自己在记忆上还有个小窍门，即闭目回想法。她是这样做的：先闭上眼睛，回想书上某页的画面，然后自己去填充里面的具体内容。如果发现有个地方怎么也想不起来，就马上翻书，仔细地把这个盲区"扫描"一遍，然后继续闭上眼睛回想下面的内容。这种方法对于加深记忆非常有效。

这就是蔡妮芩独特的记忆方法。当然，她的方法并不一定适用于所有人，但从中可以得出的经验是，无论什么记忆方法，只要有助于记住知识就是有效的。

为此，学霸们总结出一些提高记忆的方法。

第一，复习必须及时。在学习知识时就应该趁热打铁，在学习中当堂复习、温故知新是十分必要的。

第二，掌握几点独特的记忆方法。在掌握记忆规律的基础上，如果能学会几种帮助记忆的方法，将会很好地提升记忆效果。

1. "压缩饼干"记忆法

"压缩饼干"记忆法，就是在记忆时，有所简化才能有所强化。简化，就是先提炼出识记材料中的关键性词语，然后进行综合概括，形成一个或一组简单的信息符号，这样就能方便记忆，提高记忆效果。这个记忆方法就像制作压缩饼干一样，在简化和提炼的过程中加深对知识的认识和理解。

2. "多通道"记忆法

很多学生似乎已经习惯了使用单一的记忆方式：有的同学喜欢大声朗读，边读边记；有的同学喜欢闷声读，只看不读；有的不动笔写就记不住；有的不听老师分析就心里没数。

这些方法都是正确的，只是记忆的效果不一定是最好的。因为这些方法都属于"单通道运行"，信息主要是通过单一的渠道进入大脑。你要学会的是"多通道记忆"，眼、口、心、手、耳并用，在背诵时，注意听、说、读、写相互结合，这对提高记忆效果非常有用。

3. "吃甘蔗"记忆法

面对一大堆要背的课文时，不少同学会觉得"不知从何背起"。"吃甘蔗"记忆法正是一种能帮助你找到着手点的好办法。

"吃甘蔗"记忆法，就是把要背的课文分成若干段，每一大段里又可分成若干小段。如此这般，原来的一大篇化成了若干小篇，若干小篇又可化成若干小段，一小段一小段记起来并不难。化整为零，化大为小，是符合记忆规律的好方法，也是提高记忆效果的好方法。

第三，考试前避免其他因素的干扰。在记忆的时候，常常遇到前后材料相互影响、相互干扰的情况，两种学习材料越相似，相互干扰越明显。研究显示，相似程度在50%时，干扰最大。因此，在新知识学习时尽量不要将内容相似的材料放在一起学习。

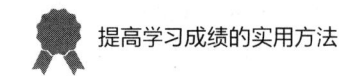

学生们，可能你也意识到自己单一的记忆方法很枯燥、乏味、效率低，那么，不妨尝试以上几种记忆方法吧，相信你能调动起自己的学习积极性，从而高效地学习。

购买适合自己的复习资料

对于有升学压力的学生来说,仅仅学习好课本知识是完全不够的,因为课本上的内容大多数是对知识的阐述,而知识应用的部分却不足,为此,要学会熟练地应用知识,就要通过复习资料来复习和练习。目前,市场上充斥着各种各样的复习资料,让学生们应接不暇,不知如何选择。面对众多资料,有些学生在难以抉择时,索性全部买走。在此,学霸们建议,复习资料并非越多越好,选择有针对性的复习资料至关重要。

阎天认为:"到了初三以后,很多学生开始大量做题,他们认为只有做题才能提高复习效果,但他们经常没有重点和头绪地做,在这一点上,不少老师也感到茫然,只是一味地给学生增加做题的量,学生感到很累,学习效果却提高不上去。"

另外,阎天也建议:"先要将近几年的试题看透了,考试时便更有把握。出题人连续几年出题,思路不会有太大的变化。所以,模拟题方面的书一般都会附加一两套考试真题,作为参照和对比。此外,模拟题一定要有重点地做,乱七八糟的一定不能看,因为有些题是东拼西凑的。现在习题很多,有些出题人会不负责任地随便抄袭。"

从阎天总结的学习心得中可以发现,他在购买学习资料时确实有自己的一套经验。面对市面上五花八门的复习资料,到底应该如何选择,这成了所有考生都要面临的一种权衡取舍。

为此,在选择复习资料时应该注意以下几点。

1. 必备资料:历年真题

历年真题对考生而言是最权威的复习资料,因此,在选择资料时首先要购买的是答案及答题思路都十分详细的历年真题,把一套真题做熟练了,胜过做多套模拟题。

2. 以教材为基础

要知道，升学考试并不是要将考生考倒，而是要考查考生对基本知识的把握和运用能力，因此，在选择复习资料的时候，不要挑那些难度太大、脱离教材的，而应该选择那些以教材为基础，并在基础知识上难度稍微拔高的。

3. 模拟题：不宜过多

学霸们建议，做模拟题无可厚非，但是不能完全依靠题海战术。很多学生买来大量模拟题，做过之后只是简单核对答案，并没有真正掌握解题的方法。因此，你在选择模拟题时，最好选择与教材相配套的模拟题深入研究，不应只为做题而做题，应该通过模拟题的练习，重点掌握解题方法和答题思路，这才是有效的做题。

4. 针对自己的薄弱环节，选择重点复习资料

你应该对自己的学习情况加以总结，这时，便能够发现自己的薄弱环节，那么，针对薄弱环节要选择有针对性的复习资料。例如，在经过模拟练习之后，你发现自己英语阅读环节比较薄弱，那么可以选择一本专门的阅读资料进行相应的练习。

另外，还需要注意的是，在选择复习资料时，一定要重视资料的印刷质量，决不能因为价格诱惑而选择那些印刷质量差的。

坚持复习，会取得好成绩

每个学生都要把坚持复习视为巩固学习效果的主要环节。对此，我们不妨先来听听学霸们是如何做到坚持复习的。

学霸王一卜说，在以前学校组织的交流会上，她的学长对她帮助很大，给她讲述了许多他们高考的技巧和大学生活。这些话让王一卜在枯燥的复习中坚持了下来，所以她很感谢自己的学长，并希望能帮助自己的学弟、学妹。

学霸南天说："坚持很重要。"南天是一位很乖巧的女孩，她的父母都是初中老师。得知自己的好成绩时，自己和家人都很激动。她说，自己能取得好成绩，也是因为在枯燥的复习中能够坚持下来，她觉得这种坚持很重要。

的确，复习有时候是非常枯燥的，读、写、背、做题是永恒的主题。没有坚强的意志，想学好是不可能的。唯有持之以恒，将自己的各项计划按时完成，最终才能取得令自己满意的效果。

那么，该从哪些方面坚持复习呢？

1. 词汇记忆要坚持到底

这点是针对英语复习的，对于即将参加考试的你来讲，仅仅掌握考试说明中的英语单词是不够的，考试中往往出现的考点是篇章结构，单纯知道一个单词是什么意思是不足以取得好的考试成绩的，还应掌握这些单词的类型、短语以及词组用法。即使你即将参加考试，你也不能丢下记忆的功夫，每天都应坚持背诵单词。

2. 重视写的作用

古人有不动笔墨不读书的习惯，写可以加深记忆，充分利用大脑的各种感官，在做到心脑手统一的同时，也可以起到预防错别字的作用。

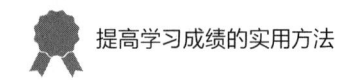

3. 听老师的话

许多同学不以为然，总是有自己的一套，全然不顾老师的计划。其实，这种做法有时是舍本逐末，因为老师的经验比学生丰富得多，该学什么、该怎样学都是经过仔细琢磨后才形成的。

4. 纠错不放松

现在的复习应是纠错和做题相结合，在做题时一定要选择真题进行练习。平时在复习时一定要反复揣摩考试中易错的题，你会发现，经常错的、考试中爱丢分的总是那几个问题，你可以将平时考试中经常出错的题目重点标注出来，每周反复看。例如，有的学生词汇过关，但语法应用得不好，结果导致考试中经常丢分，那么这样的学生就应该把老师关于语法的讲义反复复习，弄清楚每项语法要如何应用。

总之，你必须认识到每天坚持复习的重要性，只有将坚持复习和良好的复习方法结合起来，才能在学习上有所收获。

第 5 章

学习工具，有效掌握和利用工具书去学习
——利用好你的武器

　　走遍天下书为侣，书是人们的好朋友。作为学生，字典更是你永远不离不弃的朋友，它将伴随你走过读书时光。读书的道路上坎坷不平，荆棘丛生，亮起字典这把宝剑，它会帮你披荆斩棘，找到一条顺畅之路。字典，永远是你无声的朋友，无言的老师。

　　那么，该如何让工具书成为你的学习伙伴呢？

了解工具书的类型，有助于正确使用

生活中，人们常说，书籍是人类进步的阶梯。的确，书籍浩如烟海，知识无穷无尽。作为学生，在学习的过程中会遇到这样或那样的困难，为解决这些困难，就要借助于工具书。工具书是把某一专题、某一范围的知识资料，按照一定的编排方法汇集在一起，供人们查阅解决疑难问题，或为人们提供资料线索的一种特定类型的图书。工具书是打开知识宝库的钥匙。

了解工具书的分类及各类工具书的特点，对于及时获取所需的参考资料是很有意义的。那么，我们常说的工具书都有哪些种类呢？大致划分一下，有以下几种：

第一，书目。这是记录图书名称、作者、卷册、版本、年代的工具书。主要用于查书。

第二，索引。这是把书中的内容编为条目排列，供人们查找的工具书。常见的有人名索引、地名索引、专题索引等。这种书提供线索供读者查找，使用起来十分方便。

第三，字典、辞典。这是人们经常使用的最普通的工具书。它专收字词，按一定方法编排，注明读音，解释字词意义。这类书也称字书、辞书。它包括字典、语文辞典、百科辞典、综合性辞典及不同语种的对译辞典等，如《新华字典》《现代汉语字典》《辞海》《中国人名大辞典》《英汉辞典》等。

第四，类书。这是辑录古代群书中各门类或某一门类资料的工具书。中国文化源远流长，而中国古籍又浩如烟海，这类书将各种书籍的内容分门别类地编排在一起，因此要查询中国古代的资料，上至天文，下至地理、人物、制度、风俗、典故、逸事等，就必须使用这种工具书。

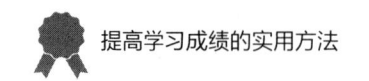

第五，年鉴。这是汇集一年内重要时事文集和统计资料的工具书。其专业性较强，种类也很多，如出版年鉴、历史年鉴、文艺年鉴。要了解某一学科在一年内的发展状况，就可以查看这类书。

第六，年表、历表。这是按年代顺序用表格形式编制的查找时间和大事的工具书，主要用来查找时间。

第七，图录。是用图像表现事物的工具书。地图册就属于这类书。

第八，手册。它是汇集某一方面需要查阅的文献资料的工具书，包括某一专业的基础知识及一些基本的公式、数据、定律、条例。

第九，政书。它是汇编历代某一朝代政治、经济、文化制度方面资料的工具书。

第十，百科全书。它是汇集自然科学、社会科学知识而编纂的大型知识手册。它是以辞典形式编排的巨型参考工具书。现代百科全书扼要概述人类过去的知识和历史，并着重反映当代科学文化的最新成就。它编收各学科或某一学科的专门述语、重要名词等，分列条目，并较详细地、系统地叙述和说明。条目释文长短不一，视具体情况而定。每条署名作者，重要条目并附参考书目。现代百科全书始创于1751年法国启蒙思想家狄德罗，以后世界各国都相继编辑出版。著名的如《美国百科全书》《大不列颠百科全书》《世界大百科事典》等。百科全书按收录范围也可分为综合性的和专科性的。综合性的如《中国大百科全书》，专科性的如《中国医学百科全书》《中国农业百科全书》等。

上面介绍的是工具书的主要类型。知道了这些，可以使我们在使用工具书时掌握查阅方法。不过，仅仅懂得这些还是不够的。工具书种类很多，即使是同一种类的工具书，也是名目繁多。当然，对于学生而言，在学习过程中常用的工具书主要是字典、辞典，充分利用这两种工具书，就已经能帮助你解决很多学习中遇到的问题。

第5章 学习工具，有效掌握和利用工具书去学习
——利用好你的武器

有效利用工具书去学习

我们都知道，一个人要学会学习，就必须养成良好的学习习惯。我们发现，那些成绩好而且稳定的学生，都是从小做到了这一点，其中一个习惯就是查工具书。

俗话说："工具书是不会说话的老师。"遇到疑难问题，不管在学校还是在家里，都可以通过查字典、词典等工具书来解决。只有勤于查阅字典等工具书，才能不断丰富知识，提高自己解决问题的能力。

另外，工具书是"自学的好帮手"。教师都离不开工具书，更何况学生。有的同学会认为，初学的人要经常使用工具书，而学有水平的时候，就可以不再使用工具书了。其实不然。你不但要学会自己查阅工具书解决一些问题，而且要养成使用工具书的习惯。有位著名的作家写过许多脍炙人口的佳作，他养成了一个习惯，每次外出，别的东西可以不带，唯独要随身携带一本字典。并不是他才疏学浅，而是他懂得工具书的重要性。

所以，任何人都应该学会运用工具书。工具书是读书的向导，它的用处主要有：指引读书门径、提供参考资料、解决疑难问题、节省时间和精力。

1. 指引读书门径

人类社会发展到今天，长期积累起来的知识财富广阔无边，各种各样的书刊、文献资料也浩如烟海，而且随着现代科技的发展，各类书籍还会急剧增加。那么，这么多的书，哪些该读，哪些不该读，要读的书应该到什么地方去查找，如此等等，这些问题都需要通过工具书来指点迷津，否则就会茫然不知所措。

2. 提供参考资料

例如，在语文综合性学习活动中，要研究一个问题，想广泛地收集资

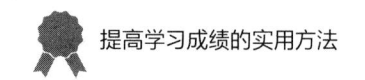

料，了解这一问题的一些动向，不用工具书不行。工具书把材料分门别类地整理出来，你使用时可以信手拈来，一目了然。如果不用工具书，那么研究起问题来，很可能挂一漏万；搜集起材料来，也会感到大海捞针。

3. 解决疑难问题

平时看书看报遇到难字、难词和不明白的成语典故，就要查字典、词典；读书遇到古代人名，需要了解他们的生平事迹和时代背景，就要查人名大辞典；遇到古代地名，需要知道它在什么位置，相当于今天的哪个省哪个县，需要查地名大辞典。查阅工具书费力不多，却解决了你的疑难，丰富了你的知识，工具书是日常学习必备的参考书。

4. 节省时间和精力

有的同学不会使用工具书，认为使用工具书费时费力费事。当然，不论学习使用工具书还是运用工具书都要耗费一定的时间，但"磨刀不误砍柴工"，这种费事却可以得到更大的省事。俗话说"工欲善其事，必先利其器"，工具书就是一种治学的利器。善于利用工具书，可以使你少走弯路，这比漫无边际地查找书籍不知要省多少时间和精力。

总之，在学习中，会使用工具书和资料好处很多。除了一般的字典、词典之外，各门学科都有专门的工具书。你一定要多利用工具书。在条件允许的情况下，可以选购几本工具书（包括资料性的）放在书架上，经常查阅。买学科工具书时应听听任课教师的意见。这方面的习惯养成了，你将终身受益。

注意使用工具书的问题

前面，我们已经了解到工具书的种类，接下来，我们要了解的是如何使用工具书。

使用工具书，首先要注意工具书的质量。如何看工具书的质量？一个简单的办法是看编辑者、出版者及版本。编辑者是该学科的专家，出版社的历史长，出的书质量好，工具书的质量就不会有什么问题。工具书的质量不好，错误百出，一使用就被坑害了。版本要用最新的，特别要注意用正版。

其次，阅读"使用说明书"，了解该工具书的使用要领。你想用一部平时没有用过的工具书来解决遇到的问题时，怎样利用它来达到你的目的？每部工具书都有个"使用说明"，"使用说明"的名称不同，如"前言""凡例""编例""说明"等，但它们都在正文之前。它们主要介绍的是该工具书收、释词语的原则、检索的方法、各种符号的意思等。仔细阅读，逐字理解，并通过对照正文，就能掌握使用该工具书的具体要领。

使用工具书，还要掌握工具书的检索方法。工具书的检索方法一般有笔画、部首、音序、四角号码等几种类型。

同学们，了解了工具书的用途，掌握了检索方法，你就可以利用工具书进行学习了。但在使用工具书解决疑难问题或寻找资料线索的时候，还会遇到许多问题，只有在实践中不断提高自己运用工具书的能力，才能解决这些问题。不过有两个最基本的问题是需要注意的。

1. 要开动脑筋

工具书毕竟是位不会说话的先生，它尽管学识渊博，几乎无所不包，无所不能，但当你向它请教的时候，它只是和盘托出它所能贡献的东西，由你自己进行选择。而且工具书选用的资料往往是有代表性的，所列的义项也是有典

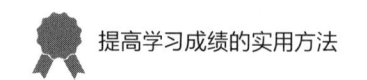

型性的，概括力较强。有的问题可以在工具书中找到现成的答案，但也有许多时候在工具书中找不到解决问题的现成答案。这就需要你参照工具书的材料，结合具体的语言环境进行类比、分析。随着学习水平的提高，你运用工具书解决实际问题的能力也一定会提高。

2. 对工具书的解释要做具体分析，不可盲目信从

我国工具书编纂的历史悠久，如果从最早的字典《说文解字》和最早的词典《尔雅》算起，至今也有两千多年的历史了。历史上工具书的编纂都是服从于一定的目的，适应统治阶级的需要，也反映着某个社会发展阶段人们的认识。因此，工具书的内容不可避免地打上阶级和时代的烙印。例如《说文解字》解释"三"字说："天地人之道也。"解释"王"字说："天下所归往也。"解释"神"字说："天神引出万物者也。"这些都反映了汉代的意识。它可以使我们对汉代人们的认识有所了解，但不能搬用到今天的生活中，更不能认为这样解释是正确的。随着社会的发展，人们的认识水平也在提高，因此，新编的工具书较之以前编的工具书有了很大的进步，字（词）义的解释不仅科学，而且通俗。所以，在一般情况下，我们应该尽量利用新编的有关工具书。

总之，在使用工具书时，除了掌握基本的使用方法外，还需要注意一些问题，其中最重要的是工具书可能存在滞后性，需要我们多动脑筋，而不能盲目信从。

利用古汉语工具书学习文言文

一般来说，一部工具书会包含以下内容：①编辑者；②前言（又叫序、说明等）；③凡例（又叫例言等）；④正文；⑤附录；⑥版本。使用某部工具书，就要对该部书的情况有所了解。从前言、凡例和附录中可以较具体地了解书的价值、用途及用法，获得使用工具书之前的必要的准备知识。

对学生而言，在学习语文的时候，可以使用以下几部工具书：

1.《古汉语常用字字典》

这本字典的用途在编写说明中介绍得很清楚："不掌握古汉语常用字，阅读古书就会遇到很大困难。为此，我们编了这本《古汉语常用字字典》，供中等以上文化程度的读者使用。"可见这是一本供初学者使用的字典。全书的特点是简明、实用、易懂。字典正文共收单字三千七百多个，双音词两千多个，按汉语拼音字母排列，所收单字不仅是古汉语常用字，而且考虑到定义的常见性，以及古今汉语的联系性。古今意义相同而且现代汉语中常见的字不收，在诗词曲中有特定意义的一般也不收。字条下所选的例句注重选用一般人熟悉的名句，对例句中的难字做了注解，并对难句做了串解。

字典有部首检字表和音序检字表，查检方便。

2.《说文解字》

《说文解字》是我国最早的系统分析汉字字形和考究字源的字书，东汉许慎（字叔重）编著。"文"指独体的文字，如山、马等；"字"指合体的文字，如峻、骏等。"说文解字"合起来就是说解文字的意思。

《说文解字》首创了部首字。许慎按照汉字的造字原则解析文字，建立了540个部首。

《说文解字》第一次明确阐述了"六书"的含义，建立了"六书"的理

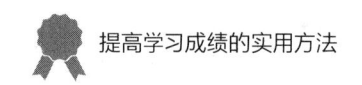

论，奠定了文字的理论基础。《说文解字》主要从形、义两方面说解文字。一般是首列篆文，次释字义，再分析字形结构，有时也指出读音。

3.《辞源》（修订本）

《辞源》原本是百科性的词典，收词目将近十万条，古籍中常见的词语、典故以及现代社会科学、自然科学等各类知识性的条目都有收录，与后来陆费逵等编的《辞海》大同小异，只是古汉语方面的条目比《辞海》多，百科性的条目比《辞海》少。

4.《古汉语虚词》

《古汉语虚词》是杨伯峻先生于1981年出版的一部新著。全书收单音节虚词169个，附在单音节虚词下的还有三百多音虚词。

书中所引例句多出自名篇，全部例句都译成现代汉语，便于初学。词条按汉语拼音音序排列，并有拼音和笔画检字索引，检索也较方便。

5.《词诠》

这是一本专讲虚词各种用法（也包括作为动词的用法）的书。全书收虚词469个，古书中常见的虚词基本都收录了。这本书的重要特点是对每个虚词说解比较详细，先注音，后讲词类，再讲意义及用法，最后列举例证。虚词的用法既包括通常用法，也包括较为特殊的用法，所举例证极多，因此比较实用。

语文字典是查询字词的最佳途径

语文是一门重要的工具学科,是人类语言的基础,所以学好语文是至关重要的。而要想学好语文,你就要重视知识的积累,也就离不开字典这位无声的老师。每一个学生在学习语文的过程中,都不要丢下字典。语文课堂上经常会碰到不认识的字:有的字读音不能把握,有的声调不能确定,有的前鼻音后鼻音不能确定,有的生僻字不认识,怎么办?查字典!

《摇着轮椅上北大》的郭晖,凭着字典自学了小学、初中、高中的课程,凭着字典自学了英语和日语的课程,是字典给她插上了腾飞的翅膀,让她展翅高飞在知识的天空。

1981年,11岁的邯郸女孩郭晖在一次体育课中意外受伤,12岁的她就彻底瘫痪了,那时候,没有轮椅,没有人陪,只有一台收音机和满眼天花板,从早到晚。

后来,郭晖的医生在为她针灸时对她说:"你学习吧,不然我给你治好了,将来能上学了,你和谁同班呢?""对啊,以后要是恢复了,我的同学都比我小,多不好意思。"郭晖有点急,把哥哥的课本翻找出来,五年级中断的课程,在时隔两年多以后,郭晖学起来挺吃力,很多字认不全,她就记下来,等着父母下班后再问。

郭晖的父亲郭荣茂是1956年毕业的浙江大学高才生,他觉得回家再辅导会耽误时间,就给郭晖准备了字典。

经过重重坎坷,终于在2003年,郭晖以优异的成绩考入北京大学。

郭晖的学习离不开字典的帮助。可是,有些学生却把字典这个最好的学习助手打入冷宫、置之不理。有时遇到生字组词,他们就会拿出辅导书,认为抄写里面的词语就认为万事大吉,就算完成了老师布置的作业。久而久之,就

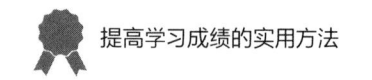

把查字典的习惯远远地抛开了。

殊不知，对于语文学习，字典的功用有很多。

（1）可以巩固拼音知识，并且可以学会更多的词语，包括词语的意思，扩展更多的知识内容，查一个字可以接收更多的信息，掌握更多的知识。

（2）可以提高动手能力和敏捷程度，培养准确的操作技能，培养估算页码的能力。

可见，字典是百问不厌的好老师，它可以帮助你识字、解词，提高语文水平。

学霸王伟说："虽然每套题目中都会有详细的答案，但是涉及字词的题目，我都会一一查字典，因为字典上给你的并不是这一个字词，你会看到它或许有多音，你会看到它旁边的字词。还有成语题目，做这种题有时会凭借一些经验：你可能已经排除了两个，那剩余两个中有一个你觉得它从表面上看与句中的意思相仿，但是其实它是错的。如果你没有一定的积累，又怎么会有这种感觉呢？还有病句题目，这方面我没有重点整理，但是每次考试前，我都会翻翻语文知识手册，看看每一类，这样脑子里就会很清晰。"

从王伟的表述中可以发现一点，在学习语文的过程中，一定要重视积累。从语文学习的角度来看，一个学生至少要有两本词典：一是中国社会科学院语言研究所的《现代汉语词典》；二是商务书馆的《古代汉语常用字字典》。最好能同时拥有《近义词辨析词典》和《汉语成语词典》。经常翻检，培养对汉字的认读、正确书写和使用的能力。

总之，语文知识需要日积月累，需要认真对待，需要真情实感，用零碎的时间去查字典吧！

利用英语词典积累词汇量

我们在学习英语时，会经常遇到生词。生词有两种：一种是曾经学过的词，只是暂时忘记了；另一种是从未学过的单词，这是真正意义上的生词。不少同学由于没有过词汇关，没有处理好生词问题，而对英语学习失去兴趣，甚至产生厌学情绪，造成中途放弃英语学习的不良后果。

对于第一种情况，我们当然是与遗忘作斗争，学习英语单词的记忆技巧，力争将课本里出现的单词一一记住。第二种情况是真正意义上的生词，我们应该怎样来应对呢？其实很简单——查词典。

学习英语，查词典是必须学会的基本功之一。词典之于学习，仿佛茫茫黑夜中闪烁的灯光，漫漫悠长的山路上借以支撑的拐杖，其重要性不言而喻。不少英语专家认为，就外语学习而言，最有用的莫过于词典。词典可以随身携带，可以随时请教，可以终生相伴。所以人们称赞词典为"最好的老师"。

有同学说："学习英语，我的一点经验就是考前一两个小时一直听英语，创造一种语言环境，避免考场上出现紧张情绪。另外，我个人学习英语的一个方法就是查词典，从词典里面我可以发现很多'标准''权威'的知识，可以解答我平时的困惑，学到很多新知识。"

从这段话中可以看出查词典对于积累英语单词量的重要性。那么，什么情况下去请教这位"最好的老师"呢？是不是每遇到一个不认识的英语单词就去查词典呢？这就需要具体问题具体分析，学会一些技巧和方法。

首先，要分析一下自己手头的英语文章或书籍的难度如何，如果生词太多，说明已超出你目前的英语水平，就要将它暂时放一放，待到你的水平提高了再来读。在选择阅读材料时，你应该将生词率控制在5%左右，最多不能超过8%。

其次，在阅读中遇到生词时，你首先要运用猜词技巧，如根据上下文、普通常识或词缀等来分析、推测和判断，得出生词的含义。不能应用这些技巧的，就要考虑查词典了。如果一篇文章的生词通过查词典都弄清楚了含义，那么这篇短文的理解也就迎刃而解啦。

那么，你一定会问，现在的词典五花八门，选择什么样的词典更能帮助英语学习呢？

对此，学霸们支了一招：

一般来说，初学者应该选择英汉词典，初二以上的学生最好使用英汉双解词典，如商务印书馆出版的《牛津初阶英汉双解词典》。

总之，如果你能认识到辞典在英语学习中的重要性，并在手边常备一本辞典，遇到生词就绝不放过，那么，你一定会在"最好的老师"——英语词典——的帮助下，英语学习取得飞快的进步！

第 6 章

学习规律，找到属于自己的学习节奏
——掌控学习的步伐

生活中，我们发现，一些学生为了提高自己的学习成绩，总试图延长自己的学习时间，不仅挤占了休息、锻炼、娱乐的时间，甚至连老师讲课的时间也在自己看书，但成绩却没见起色，于是有人开始"愤愤不平"："为什么我整天除了学习就是学习，成绩还总不见提高，而班上有的同学又是玩球又是看课外书，学习时间并不多于我，最后却考了个好成绩？"其实原因很简单，因为你不懂得调节自己的学习节奏，疲劳战术并不会带来较高的学习效率。

熬夜学习，容易导致记忆力下降

曾经有人说，人的生命只有两种状态：运动和停止。生活中，面临升学压力的学生们，每天的生活重心都是学习。努力学习固然不错，但并不意味着要一刻不停地学习。适可而止，会休息才会成长。因此，无论怎样，你都要懂得休息，只有劳逸结合，才会有更高的学习效率。

学霸李卓雅说："劳逸结合使学习不断进步。"李卓雅的爱好是打羽毛球，每次当她学习累了的时候，都会找几个朋友或同学痛痛快快地杀几个回合。李卓雅还说，从来不熬夜的劳逸结合的方式，可以让学习效率日益提高。

学霸陈振睿说："初三不等于熬夜。"回顾初三生活，陈振睿表示一般情况下不会熬夜。"整个初三充实、紧张，但压力不是太大，家里和学校都没有给我升学压力，我是在轻松的状态下备战中考的。"陈振睿透露这就是自己的制胜法宝——劳逸结合。"学习的时候集中精力学习，该活动的时候、该玩耍的时候就尽兴玩耍。劳逸结合才会提高学习效率。"

从两位学霸分享的经验中可以发现，他们都不会选择疲劳战术，他们能够将状元金牌摘入囊中，也是深谙"学要学个踏实，玩要玩个痛快"的精神。

可能有些学生会认为，马上要参加考试了，剩下的时间已经不多了，于是，他们会选择夜以继日地学习。争分夺秒地抓紧时间学习固然好，但要保证学习效率。拼时间、搞疲劳战术不可取，这样会影响学习效率。

那么，在学习中，该怎样做到劳逸结合、调整自己呢？

1.统筹兼顾，合理安排

你应该合理分配学习、休息的时间，做到劳逸结合，把握好生活节奏。

2. 保证睡眠，事半功倍

高质量的睡眠永远是最有效的休息方式。无论是在平时还是临考，你都要调整好自己的作息时间，坚持早睡早起。另外，为防止失眠，你要调整好心态，放松心情才能很快入睡。

3. 没必要补课

那些学霸都坚持一个观点——学生没有必要补课。的确，学习讲究的是方式、方法，打疲劳战术是最不可取的。中学生活不像人们想象中那么可怕，根本没必要将所有时间都投入到学习中，只要课上认真听讲，多和同学交流，把错误的题及时弄会，是很容易学好知识的。

4. 留出一些机动时间

可能你会认为，忙碌的一天才是充实的一天，你也许还会把自己一天的时间安排得满满的，但一遇到突发事件，就手忙脚乱了。其实，你应该学会合理规划时间，留出一些时间处理突发情况；即使没有出现这些突发情况，你也能给自己一个放松和休息的机会，或与父母、朋友联络一下感情，考虑一天工作的得失等。

总之，每一个渴望提高成绩的学生都要明白一点，单纯靠挤时间是没用的，你必须记住，世界上有比时间更重要的东西：效率。每个人一天都只有24小时，再怎么挤也有限；但是时间利用的效率是可以成倍提高的，提升的空间很大。当你在思考如何利用时间的时候，首先要想到的不是从哪里抠多少时间出来，而是怎样提高现有的时间利用效率。

自我激励，促进学习进步

德国人力资源开发专家斯普林格在其所著的《激励的神话》一书中写道："人生中重要的事情不是感到惬意，而是感到充沛的活力。""强烈的自我激励是成功的先决条件。"所以，学会自我激励，就是要经常在内心告诉自己，我相信自己可以做到。如果你的心被自卑掩埋，那么，你已经输了。

对于面临升学压力的学生来讲，难免有时候会出现一些消极情绪，如焦虑、畏惧等，战胜它们的法宝就是自信心和勇气。自信心从何而来？自我激励会帮你重新获得能量。

"信心是成功的重要条件。有的人自卑心理强，怀疑自己的智力和能力，认为自己是考试的失败者，容易放弃；希望成功，却又缺乏自信心。因而很难考出理想的成绩。因此，我们一定要相信自己的力量，相信自己经过平时的认真学习和系统而全面的复习，是完全能够取得理想成绩的。相信别人能够做到的，自己就一定可以做到。同时，要认识到自信心的重要性。"

"保持平和的心态，不要受琐事困扰，相信自己，坚持下去，胜利属于你。"

不得不承认，学霸们都是勇者，他们的成功无不来源于自信。那么，信心从哪里来呢？没有天生的信心，只有不断培养的信心。

那么，该怎样自我激励，以获得信心呢？

1.跟自己比，不和别人比

爱迪生说，自信是成功的第一秘诀，自信心的树立，不在于和别人比较，而是拿自己的今天和昨天去比。

在爱迪生上小学时，有一次上劳作课，同学们都交了自己的手工作业，但到第二天，爱迪生才慢吞吞地交给老师一个粗糙的小板凳。对此，老师的评价是："我想世上不会再有比这更坏的小板凳了。"但对此，爱迪生的回答是："有的。"然后他从课桌下面拿出两只小板凳，举起左手说："这是我第一次做的。"又举起右手说："这是我第二次做的。我刚才交的是第三次做的，虽然它不能使人满意，但是总算比这两只好多了。"

爱迪生的自信就是在和自己的比较中树立起来的。

现实生活中，大家都习惯了去和别人比较，但山外有山，这样和别人比较下去是没有尽头的，容易在和别人的比较中失去自信，同时也被周围的环境牵着鼻子走。所以，建立自信最关键的一步就是改变自己老是和别人比较的习惯，一旦自己不知不觉地和别人比较时就要提醒自己停止。这是个思维习惯的问题，经过一段时间的纠正肯定能够克服。

2.学会微笑

笑能给人自信，它是医治信心不足的良药。如果你真诚地向一个人展颜微笑，他就会对你产生好感，这种好感足以使你充满自信。

3.走路抬头挺胸

外在的姿态和步伐与人的内心体验有着密切关系。人在充满信心时会挺胸抬头，走起路来步伐坚强有力，速度也稍快。人在丧失信心时会低头哈腰，走起路来无精打采，速度缓慢。因此，你平常走路时要坚持抬头挺胸，这样有助于增强自己的自信心。

4.运用积极的自我暗示

首先是有根据的自我暗示，对于自己的优势要不断地在心理上进行强化；对于自己的劣势，需要制订详细计划进行克服，相信这些劣势经过一段时间后会转变为自己的优势。不管是现在拥有的优势，还是经过一段时间能够转变为优势的劣势，都是实实在在的东西，看得见摸得着，这是自信的基础，是自己很容易就能自信的根据。

其次是没有根据的自我暗示，即时刻提醒自己：我是世界上最棒的，我有实力，我有能力，我一定会成功。你从现在开始，每天早晨起床时，晚上睡觉时，甚至可以随时随地对自己说上一遍激励自己的话，经过一段时间的积累后一定会有效果的。

5. 客观对待负面信息

影响自信心的负面信息总是随时出现的，最常见的就是自己遇到不会做的题目了。对于这类题目不要一概而论，要客观分析。属于自己能力以外的就不要放在心上，即放弃它，而且这类题目在考试中只占一小部分，剩下的经过自己的努力在下次考试中一定可以做出来。

6. 多做自己的优势题目

这样一方面可以巩固自己的优势，另一方面可以提升自己的信心，而且中考试卷中30%为容易题，50%为中等题，20%为难题，你的优势应该能够覆盖容易题及中等题的大部分。

放松心态，有效提高学习效率

我们都知道，考试要有一个良好的心态，身心放松才能考好。其实，学习过程中又何尝不是如此呢？为什么一些学生看起来学习刻苦，却收效甚微呢？因为他们没有做到身心放松。因此，在学习的时候，你心里不要总想着分数、名次，而应该想着提高自己，不与别人比成绩，就与自己比，这样你的心态就会平和许多，就会感到没有那么大的压力，学习时就会感到轻松自如。试着按照这种方式来调整自己，你就会发现，在不经意中，你的成绩就会提高许多。其实，那些学霸们能在考试中有良好发挥，就是因为他们注重平时学习中的心态调整，在考试中也能轻装上阵。

然而，生活中总是有一些学生无法从考试的压力中解放出来。我们先来听听天天的烦恼：

天天是个乖巧的孩子，学习成绩也一直不错。然而，临近中考的天天却出现了一些心理问题，他无法集中精力学习，上课不停地开小差，总想一些不相干的事。看到身边的同学都在全神贯注地学习，他更加着急，但越着急则越容易开小差。考试成绩因此也越来越糟，原来是班里前十名，现在退到十五六名。他担心这样下去会上不了好高中，于是，他不得不求助于心理医生。

这是天天与医生的一段对话。

"一堂课，你通常会开多长时间的小差？"

"大概10分钟吧。"

"那你希望怎么样呢？"

"我希望自己上课不要开小差，集中精力听课。医生，你能帮帮我吗？"

"当然，那你能告诉我你开小差的时候都在想什么吗？"

"会想些乱七八糟的事，比如，我会想，我现在住家里，别人住校有足够的时间学习,我还要坐公交车回家,万一被人超过了怎么办?还有,我会想,万一我考不上大学怎么办?总是想这些问题,耽误了不少时间。"

"如果将所有的精力全部用在学习上,你会考多少名?"

"我觉得考前3名没问题。"

"也就是说,你认为自己的实力其实是不比别人差的,而你考不好的原因是你没有将自己的精力全部用到学习上?"

"……也不一定。"天天这样告诉心理医生。

"那你现在花在学习上的时间多吗?"

"是的,但不知道为什么,花的时间虽然多,却不见什么成效。"

"根据你以前的经验,如果整天为不能将所有精力放在学习上而着急,并一味增加学习时间,减少睡眠与休息,会有什么样的结果?"

"好像越来越糟糕。"

"那也就是说,你也认为越是着急,越是给自己加压,情况越是糟糕?"

"嗯,是的!"

"既然如此,为什么还要着急呢?"

"我好像控制不住自己。"

"好,现在假设我们换一个态度,自己只要尽力了,那么就对得起自己和父母了,成绩怎样那是老天爷的事。这样会有什么样的结果?"

"可能会放松一些。"

"嗯,既然你能这么想,那就好办多了。举一个例子,假如两个同学同是70分成绩的实力,一个极力想考80分,加班加点,终日紧张,学习效率下降,考试时发挥不出真实水平,最终只考60分;另一个比较接受70分的现状,该学时认真学,该玩时也放松玩,最后考试发挥出色而考出80分的好成绩,你能理解吗?"

"能……"

从天天遇到的情况不难看出,在学习这一问题上,天天之所以会考试成绩不断下降，是由于其不断给自己加压，他要让自己把所有的精力都用在学习上，这是一种苛求自己的态度。无形之中，他给自己制造了遭受挫折的条件。可以这么说，他精力不集中正是将精力用至极点的表现。

那么，你可能会产生疑问，到底该怎样做到身心放松呢？我们再来听听学霸吴诗士的心得：

"我靠长跑、散步来调整学习状态。每天放学后，只要有时间，我就会和好友一起到操场上跑几圈。临考前，越练习感觉越乱，逛街购物缓解了我的紧张情绪。考试时我以平常心对待，考前5分钟做深呼吸，抬头看看天空，缓解紧张，集中注意力。"

每个人放松和调节自己心情的方法都不尽相同，但无论如何，你都要认识到情绪对于学习效率的重要影响。你需要正确认识考试，不要把考试当成人生的全部，更不应把考试成绩当成评定自我价值的标准。学会快乐学习，让自己有更多的愉快情绪体验。只有快乐学习，你才会提高学习效率。

兴趣爱好是身心快乐的调节剂

美国教育学者布鲁纳说："学习的最好刺激是对学习材料的兴趣"。还有一句名言说"兴趣是最好的老师"。科学研究表明，人一旦对某种活动或某个事物产生兴趣，就会倾注热情，就能提高从事这种活动的效率。

科学家丁肇中用6年时间读完了别人10年的课程，最后终于发现了"J粒子"，获得了诺贝尔物理学奖。记者问他："你如此刻苦读书，不觉得很苦很累吗？"他回答："不，不，不，一点儿也不，没有任何人强迫我这样做，正相反，我觉得很快活。因为有兴趣，我急于要探索物质世界的奥秘，比如搞物理实验；因为有兴趣，我可以两天两夜，甚至三天三夜持在实验室里，守在仪器旁。我急切地希望发现我要探索的东西。"

作为学生的你，也应该努力培养自己对学习的兴趣，只有对学习有热情，你才能真正提高学习效率。的确，学习是枯燥的，但只要你努力专注于它，你就能逐渐产生兴趣。比如政治，因为它的理论性比较强，很枯燥，所以需要多培养些对政治的兴趣。平时多关注些国家的方针政策，在遇到问题时，把自己想象成一个国家工作者，想象国家工作者是怎样解决问题的，这样政治就生动起来了。其实政治就在我们身边。

那么，该怎样挖掘自己对学习的兴趣呢？我们先来听听学霸们是怎么做的：

学霸邓侃说："兴趣是最好的老师，在学习英语这一问题上，我告诉自己，英语是一门重要的学习和沟通工具。未来社会，无论是先进的思想还是高深的技术，都离不开英语。因此，学习英语，与其把它当成一门苦差事，还不如换一种快乐的方式。"

从邓侃的陈述中可以发现，兴趣是激发他努力学习的动力，而他对学习的兴趣也不全是与生俱来的。的确兴趣是可以培养的，你千万不要拿没兴趣作为搪塞自己的借口。

有的学生某学科学得不好，成绩很差，问他是什么原因，他会理直气壮地说："我没兴趣！"有些学生说："我对学习没有兴趣，我学不好，我不学了！"不想学习就说没有兴趣，不愿干的事也说对某事没有兴趣，这只是借口而已。

为此，每一个青少年，你都需要有意识地培养自己对学习的热情，对此，你可以做到以下几点：

1. 积极期望

积极期望就是从改善学习者自身的心理状态入手，对自己不喜欢的学习内容充满信心，相信它是非常有趣的，自己一定会对它产生信心。想象中的"兴趣"会推动你认真学习它，从而逐渐对学习产生兴趣。

2. 从可以达到的小目标开始

在学习之初，确定小的学习目标，学习目标不可定得太高，应从努力可达到的目标开始。不断地进步会提高学习的信心。

3. 了解学习目的，间接建立兴趣，培养热情

学习目的，是指你要明白学习的结果是什么，为什么要学习。学习过程多半是要经过长期艰苦努力的，这种艰巨性往往让人望而却步，所以要认真了解学习的目的。如果你能对学习的个人意义及社会意义有较深刻的理解，就会认真学习，从而对学习产生浓厚的兴趣。

4. 培养自我成功感，以培养直接的学习兴趣

在学习的过程中，每取得一个小的成功，就进行自我奖赏，达到什么目标，就给自己什么样的奖励。有小进步、实现小目标，则小奖励，如让自己去玩一次自己想玩的东西；有中进步、实现中目标，则中奖励，如买一本自己喜欢的书画或乐器等；有大进步、实现大目标，则大奖励，如周末旅游等。这样通过渐次奖励来巩固自己的行为，有助于产生自我成功感，不知不觉就会建立起直接兴趣。

你了解自己的睡眠周期吗

相信生活中的学生们,从小都被父母教育要"睡足8小时",你是否怀疑过?有没有睡足8小时后,仍旧感到疲惫的情况?而有时候只睡了四五个小时,却精神饱满?那么,为什么会出现这样的情况呢?其实,这与人的睡眠周期有关。

人们正常的睡眠周期包括:非快速眼动睡眠期和快速眼动睡眠期。它们交替出现,交替一次称为一个睡眠周期,循环往复,每晚通常有 4~5个睡眠周期,每个周期90~110分钟。

每个睡眠周期分为5个阶段:入睡期、浅睡期、熟睡期、深睡期、快速眼动期。

1. 入睡期

阶段1是睡眠的开始,昏昏欲睡的感觉就属于这一阶段。此时脑波开始变化,频率渐缓,振幅渐小。

2. 浅睡期

阶段2开始正式睡眠,属于浅睡阶段。此时脑波渐呈不规律进行,频率与振幅忽大忽小,其中偶尔会出现被称为"睡眠锭"的高频、大波幅脑波,以及被称为"K结"的低频、很大波幅脑波。

3. 熟睡期和深睡期

阶段3和阶段4是沉睡阶段,不易被叫醒。此时脑波变化很大,频率只有每秒1~2周,但振幅增加较大,呈现变化缓慢的曲线。这4个阶段的睡眠共要经过60~90分钟,而且均不出现眼球快速跳动现象,故统称为非快速眼动睡眠。

4. 快速眼动期

在阶段5,脑波迅速改变,出现与清醒状态时的脑波相似的高频率、低波幅脑波，但其中会有特点鲜明的锯齿状波。睡眠者通常会有翻身的动作，并很容易惊醒，似乎又进入阶段1的睡眠，但实际是进入了一个被称为快速眼动睡眠的睡眠阶段。因为，此时除了脑波的改变之外，眼球会呈现快速跳动现象。如果此时将入睡者唤醒，大部分人反应自己正在做梦。

根据以上几个睡眠阶段的分析，我们大致能了解为什么不同的人所需要的睡眠时间不同，这是因为他们的睡眠周期不同而导致睡眠质量不同。

研究证明，与经常熬夜的人相比，早睡早起的人精神压力较小，其精神健康程度较高。科学入睡时间是22点~22点30分，半小时或一小时进入深度睡眠，而且午夜到凌晨3点是人体自然进入深度睡眠的最佳时间，这样才能保证第二天精神百倍。

对于学生来说，尤其是即将面临升学考试的中学生，可能都有这样的困扰，晚上经常熬夜甚至无法进入梦乡。

对此，学霸们建议，疲劳战术不可取，找到自己的睡眠周期，合理安排自己的休息、学习时间至关重要。

那么，该如何准确测量自己的睡眠周期呢？

就像在学校做实验一样，多次测量，获得平均值。但是要注意的是，我们是生物，并不是仪器，并非每次睡眠周期都是一模一样的。

另外，所谓"醒来"就是指，第一次睁开眼睛，并能感知到周围时。即使那时你觉得才睡了5分钟而已，事实上完全有可能早已睡足了一个睡眠周期了。

还有，如果你在160、170分钟，甚至是180分钟后醒来，这意味着你睡了2个周期了。又或者是在240、270分钟醒来，那就是3个周期。

睡眠在相当大程度上是一种习惯，因而保持良好的睡眠习惯，遵循睡眠的自然规律，是预防睡眠障碍的最好办法。此外，还需了解失眠的可能原因，消除影响睡眠的因素，自我调节和改善不良的情绪。

以下是学霸们为大家提出的几点提高睡眠质量的建议。

（1）平常而自然的心态。出现失眠不必过分担心，越是紧张，越是强行入睡，结果适得其反。有些人对连续多天出现失眠更是紧张不安，认为这样下去大脑得不到休息，不是短寿，也会生病。这类担心所致的过分焦虑，对睡眠本身及其健康的危害更大。

（2）寻求并消除失眠的原因。造成失眠的因素颇多，前已提及，只要稍加注意，不难发现。原因消除，失眠自愈。对因疾病引起的失眠症状，要及时求医。不能认为失眠不过是小问题，算不了病而延误治疗。

（3）身心松弛，有益睡眠。睡前到户外散一会儿步，放松一下精神，上床前或沐浴，或热水泡脚，然后就寝，对顺利入眠有百利而无一害。

（4）坚持体育锻炼。适度的体育锻炼会让睡眠更深，同时它也能让人在清醒时有更多的动力。关键是，量力而为，这样所需的睡眠时间还是会和平时一样的。当然，如果运动过度，就有可能需要较平时更多的睡眠周期来恢复体力了。

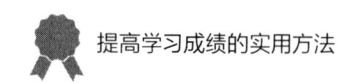

适当运动，可以缓解学习压力

生命在于运动，美国运动医学院的研究表明，科学的运动帮你持久保持健康活力和苗条体态的程度高达70%。现实生活中，那些要面临升学压力的学生们，经常会被学习压力和不良情绪困扰，对此，一些学生选择向他人发泄，一些学生选择闷在心里，也有的学生感到无所适从。殊不知，运动是排解压力的一种行之有效的好方法。

不知你有没有这样的体验：当情绪低落时，参加一项自己喜欢又擅长的体育运动，可以很快地将不良情绪抛之脑后。这是因为体育运动可以缓解心理焦虑和紧张程度，分散对不愉快事件的注意力，将人从不良情绪中解放出来。另外，疲劳和疾病往往是导致人们情绪不良的重要原因，适量的体育运动可以消除疲劳，减少或避免各种疾病。

体育锻炼对于改善神经系统的调节机能，对于学生们学习能力的提高，以及工作效率的提高，都起着积极作用。例如，学生学习累了，到户外活动一会儿再回来学习，学习效率肯定会提高。这也是学校安排课间十分钟的原因。

体育锻炼对身体的良好作用，是通过神经系统的影响实现的。经常进行体育锻炼的人，大脑皮质神经细胞的兴奋性、灵活性和耐久力都会得到提高，灵活性提高了，反应也就更快了。从人体活动上看，外在表现机灵、敏捷，自然反映着大脑本体的敏锐、灵活，可以使学习和工作都处于最佳状态，并能坚持较长时间。经常进行体育锻炼的人，在自然环境中接受寒冷和炎热的刺激，可以提高对环境变化的适应能力和对疾病的抵抗能力。

我们不妨先来听听学霸们是怎么看待运动的：

陶佳轩说自己是个很爱玩的孩子，也很会玩。在平时，即使学习再忙，她也会认真去玩。她很爱打羽毛球。每天早上，她会跟着班级队伍去跑早操，她说，刚开始的时候有点不适应，但久而久之，坚持下来，就能看到身体的变化：身体素质变好了。她在初中三年都没感冒，而且流汗之后，发现自己的身体好像苏醒了，整个人也变得轻松起来，心情自然也变得舒畅了，也就又能重新投入学习。

姜动、杨纯子不赞同"拼搏三年、牺牲三年成就以后的生活"这样的观点。相反，他们很注重体育运动。每周，他们都会抽出时间去玩一次，要么唱歌，要么运动。在他们看来，玩两三个小时不但不会耽误学习，还能帮自己调节身心。相反，如果一直想着玩又不能玩，就会耽误很多事。

王汝韵说："运动要与学习并重。"在老师和家长看来，王汝韵是个文静的孩子，但在王汝韵文静的外表下，隐藏着一颗好"动"的心。受到父母优良体育基因的遗传，一直以来王汝韵体育都不错，曾获得过校运动会跳远、800米第一名。对她而言，运动一定程度上算是一种放松。也正是经常参与体育运动，为王汝韵的学习打下了良好的身体基础。

从上面的经验中可以很明显地看出来，日常生活中，坚持体育锻炼、多运动并不会耽误学习，还能帮助我们舒缓身心、减轻压力，让我们有个健康的体魄，从而应对高强度的升学考试。

也许你会产生疑问，中学生可以参与哪些运动呢？

运动分成有氧运动和无氧运动两种。无氧运动一般都是短时间高强度的，对人的意义不大，弄不好还容易伤到自己。最好还是进行有氧运动，对人不但有锻炼身体的效果，而且能调节情绪问题，有效地应对情绪中暑。

常见的有氧运动项目有：步行、快走、慢跑、滑冰、游泳、骑自行车、打太极拳、跳健身舞、跳绳、做韵律操等。有氧运动的特点是强度低、有节奏、不中断和持续时间长。同举重、赛跑、跳高、跳远、投掷等具有爆发性的非有氧运动相比较，有氧运动是一种恒常运动，是持续5分钟以上还有余力的运动。当然，无论做什么运动，你都要做到坚持，而不能只保持三分钟热度。长时间坚持下来，你会发现，自己不仅拥有了一个健康的体魄，还能经常释放心理压力，重新获得学习的能量。

如何应对学习上的"高原现象"

可能很多学生遇到过这样的困惑:为什么我在经过一段时间的努力学习后变得停滞不前、提不起学习兴趣呢?实际上,这就是学习中常见的"高原现象"。

"高原现象"是一个比喻。现在,我们来画一个图形,以时间为X轴,学习效果为Y轴,将学习者学习所花的时间和取得的效果连成一条线。从这条线中,我们不难发现一些问题:第一,一般情况下,学习者的学习效果如何,是与其学习时间成正比的;第二,很多时候,时间和学习效果这两者之间的关系,并不是完全呈规律性变化的。也就是说,在学习者刚开始学习时,曲线显示的是,学习者花的时间越多,进步就越快,学习效率就越高;但接下来,曲线显示的却是一个明显的接近水平线的波浪线,不会呈现规律性变化;再接下来,又会出现斜率较大的曲线。

这条呈现学习效率与所花时间之间关系的曲线,常被比喻为学习的"高原现象",而中间呈相对水平状态的那段波浪线,常被比喻为学习的"高原时期"。

也就是说,一般情况下,我们在学习时,刚开始都有明显的效果,但后来就会出现收效不大、学习原地踏步甚至还会倒退的情况。此时,你可能会感到慌张,不知道怎么办,你会担心自己一直低迷下去。其实,之所以会出现这样的低潮期,也是有原因的。

1.学习难度大、学习方法守旧

需要肯定的一点是,学习内容的难度是会随着学习层次的上升而逐渐加大的。例如,初中知识比小学知识难度大,初二的课程比初一的难度大。因此,如果你还在用以前的方法学现在的知识,那么你自然会感到吃力。

2.学习动机因素

这一点，多半会发生在那些学习成绩一般的学生身上，他们认为，反正自己学习成绩不怎么样，再怎么努力也不会有什么效果，于是他们变得得过且过，也不去努力。当然，一些学生则是动机过强，目标过高，总是无法企及，因而学习兴趣降低，甚至产生厌学等消极情绪。

3.身体原因

身体是学习的本钱，如果你身体不适，那么你自然不能静下心来好好学习，学习效率低下，成绩自然就会有所下降。

但无论何种原因，在你出现"高原现象"时，一定要找到原因，并平衡自己的心态，稳定情绪，这样才能走出"高原时期"。

其实，即使那些学习成绩优异的学霸们，在曾经学习的过程中，也可能遇到过高原现象，只不过他们能顺利从低潮期走出来、重新上路而已。那么，当你陷入学习中的低潮期时，该怎样走出来呢？对此，学霸们支了以下几招。

（1）注重基础知识的学习。基础知识没有学好，在面对难度更大的知识时，只能束手无策。因此，要想走出高原时期，你首先需要学好基础知识。

（2）改进学习方法。在学习中，你一定要懂得思考，要发现哪些方法是应该保持的，哪些是需要改进的。例如，如果你不习惯复习，那么你就会很容易忘记刚学习过的内容。这一点，就是需要改正的。

（3）坚持体育锻炼。身体是"学习"的本钱。即使你再聪明、学习再努力，若没有一个好身体，也无法发挥自己的能力。因此，你不要把所有精力都花在学习上，而应该提醒自己要多锻炼身体。有的学生为了学习而忽视锻炼，身体越来越弱，学习越来越感到力不从心，这样怎么能提高学习效率呢？

（4）注意休息。熬夜学习并不能取得很好的效果，因为只有充足的睡眠才能保证第二天精力充沛。因此，你应该定时就寝，坚持午睡。

总之，"高原现象"在学习每一种新知识时都会发生，在各个年龄段的学生身上都会出现。这种现象和学习者的年龄、学习内容、心理品质等诸多因素都有关系，而且会循环出现，有时持续时间短，有时持续时间长。如果你遇到了这一问题，一定不能急躁，而应该找到具体的原因，对症下药，然后顺利走出低谷。

第 7 章

应试技巧，掌握方法有助于提高考试成功率
——考前、考中、考后必知的应试技巧

对于学生来讲，学习都有一个目标——在升学考试中取得好成绩。然而，一些平时成绩优异、学习能力强的同学却总是考不好，这是为什么呢？原因当然有很多，但总结起来，无非是没有掌握好应试技巧而导致失误。无论是中考还是高考，都是心理素质和考试技术的较量。然而，怎样才能考好呢？针对这个问题，学霸们提出了以下几点建议。

劳逸结合，做好考前调整

作为一名学生，肯定会有升学的压力。有人说，中考是跳高，高考是跳远，中考考得如何，的确关系到升学情况。于是，在大考前，一些学生认为，关键时刻就要到了，一定要抓紧时间学习、不能放松。实际上，专家建议，考前一定要休养生息、适度调整，不可挑灯夜战。当然，如果你认为考前就应该放松，这也是一种不正确的想法。

学霸李依伦说："我觉得中考前最重要的是不能紧张。我们之所以会紧张，是由于我们还没有复习充分，对未来还有些迷茫。其实，问问自己，如果中考是考看拼音写汉字，我会如此紧张吗？这样，你就明白了消解紧张情绪的办法——马上复习！再把做过的题拿出来看看，再背一下名句，马上就能平静下来。作息时间因人而异，平常我都是晚上11点睡觉，考前也是这样。我觉得中考前不要去想什么时间睡觉的问题，一切按照自己的习惯来，就算改时间睡觉，最好考前两周就不要做大的调整了。"

从这里可以看出来，李依伦的考前调整是从心态和生物钟两方面进行的。

那么，到底如何进行考前调整呢？对此，学霸们提出了以下几点调整方案。

1. 不能有"大考大玩"的心态

考前一般学校都会放两三天的假，这几天千万不能耗在电视或者电脑上，"大考大玩"只是一种理想状态。这两天最好能把以前的笔记拿出来看一下，巩固一下总结的知识要点和方法技巧。另外看一下积累的作文素材，对语文作文的发挥很重要。

2. 调节生物钟

考前一个月，要把每天晚上睡得较晚的习惯逐渐调整到10点睡觉，要坚持

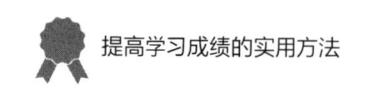

每天把自己精力最充沛的时间即学习时间调整到和考试时间一致，相同的时间段做相同的科目。这样，考试时比较兴奋，精神就好，心态比较轻松，见到容易的题会做，见到难题会想办法做。千万不要越忙越紧张、越紧张越忙，总觉得脑子里一团糊涂。

学习成绩一直很优异的王斌说："我在考前突然病了，在床上睡了3天，因为我们放了15天假，我就给自己做了一个规划，日程安排得挺满，只在最后留了一两天的休息时间。可是躺了3天之后，我觉得自己的日程规划完不成了，这时心情就非常烦躁，觉得自己没有希望。

"后来我找了几个老师谈心，目的就是想把心态平静下来继续下面的学习。可是谈了以后我的心态虽然是平和了一些，但是计划实在是完不成了，时间绝对不够了，政治还有两个部分没有完成，于是我就放弃了计划。后来经过自我调节，我自己也觉得保持心态平和是很重要的，所以后来3天我干脆不管了，政治没复习完也不管了，所以就放松了几天。后来上考场时自己的心态比较平和，也不再想生病的事，不再想政治有两个部分没有完成。"

这是因为只有合理地调整自己的心态和应考状态，状态保持住了，才能有好的发挥。

3. 适度复习

考前几天看书，不会有多少提高。但是为了保持状态，有老师建议，考生还是可以适当地看书进行调整。想一想简单的问题，使人脑处于一种较活跃、清醒的状态，但量不宜大，时间不宜长。也可以读一些报纸杂志，看看电视，在放松情绪的同时丰富知识，也许还能为次日的作文开拓思路。

如果在这几天仍旧做大量的题，或是索性什么也不做都是不合理的，前者不仅会使人更加疲倦，若遇到难题还会降低你的自信心，增加紧张和忧虑；后者则容易让你产生茫然和急刹车的不适应感。

4. 不纠缠难点难题

考前10天，学校的课堂教学已经转向教师个别辅导和考前叮嘱为主。为了防止手生，在回归课本的基础上，还要做到套题、小题巧练，但对于难点难题不必过于纠缠，坚持温故知新。

专家建议，在这段时间，通过小测试可以训练答题速度和应试能力。另外要强调的是，做题时，要相信自己的"第一感觉"，在似是而非的情况下不要轻易改变第一次的选择。此外，充分发挥课堂笔记本、错题本的作用，结合重点笔记对学科知识进行拉网式排查，确保不存在知识遗漏点或知识盲点。

总之，在考前最后阶段，保持充沛精力比多看几页书来得重要，挑灯夜战的方法并不可取。特别是晚上学习时间不要太晚，早睡早起最科学。最后两天休养生息，养精蓄锐，第二天精力充沛，才会有最佳的学习效果。每天要保证8小时睡眠，保证半小时适度的体育锻炼，这样精力充沛，有利于考试时正常发挥。

不怯场，鼓足勇气上考场

我们都知道，考试是一种复杂的智力活动，需要保持良好心态。考试确实不同于日常的学习生活，不管准备多么充分，考生都有可能紧张，这是不可避免的问题。就连那些学霸，在进考场时也会紧张。但只要你懂得在考前考后进行适当的调适，就能将紧张心理缓解到最低程度。

武汉大学教授潘敏告诉学生们："说考前不紧张，那肯定是骗人的。你要是真不紧张了，全家人都觉得不正常，父母反倒更紧张。"在潘敏看来，在考试中适度地紧张是好事，但凡事有个度，过度紧张会让人发挥失常。

潘敏从教多年，他建议学生，在大考前一定要树立信心，要相信自己一定能考好。

潘敏认为，过度紧张是有一定原因的——很大程度上源于家长和考生定位不准。"当年高考时，我就想以我的实力考上一所大学一定没问题，至于上哪所大学，真没较真儿想过，结果反中状元，着实有点意外。而现实生活中，很多家长和考生把目标定得太高，以孩子现有的实力蹦了跳了还是够不着。这样，考生能不紧张吗？"

从潘敏的这段话中，我们能找到减少心理紧张的关键因素所在——对考试结果的期望。如果你抱着轻松的心情，不太在意考试结果，那么，自然就能心平气和地面对考试。

这里，总结出学生们怯场的几点原因。

1. 缺乏自信

有些考生，尤其是性格较懦弱、多次受过挫折的考生，常常自我怀疑，即使有把握的问题，也显得犹豫不决，不敢相信自己。如果见到阳生题或难题，更是诚惶诚恐，乱了方寸。

2. 外界干扰

当人们进行思维活动时，突然遇到新奇或强烈的刺激，会使原来的思维活动受到抑制。如考场的严肃气氛、监考人员冷峻的表情或生硬的态度、父母的叮咛等，都会给考生带来巨大的心理压力，一旦遇到麻烦，情绪越发紧张，导致怯场。

3. 脑过度兴奋

大脑神经细胞的兴奋性有一定的限度，为了防止大脑神经细胞过度受损，大脑会自动转入抑制状态，阻止回忆活动。有些考生考前开夜车，用脑过度，睡眠不足，加上心理紧张，引起回忆反应暂时被抑制，造成怯场。

了解这些原因，就要提前做好充分的思想准备，努力安定自己的情绪。

（1）考前两天：增强自信，择要复习。考前复习要有所侧重，只要检查一下重点内容是否基本清楚就可以了。所谓重点：一是老师明确指定和反复强调的重点内容；二是自己最薄弱的、经常出错的地方。如果确认这些地方已没有问题，就可以安下心来。

另外，家长也要留意观察孩子，如果发现孩子过于紧张，说明其自信心不足，家长要给予鼓励，巧妙暗示孩子：你一定会考好的。

（2）考试前夜：尽情放松、睡眠充足。考前的休息也十分重要，千万不要在考试前夜牺牲睡眠时间去复习，这是得不偿失的。临考前夕，要尽情放松，看看花草散散步，减轻紧张情绪，听听音乐愉悦心情，打打球调剂大脑，早些休息，一定要避免思考过多，精疲力竭。

同时，家长也要尽量为孩子创造一种和谐、轻松、愉悦、安静的家庭氛围，不要用言语刺激孩子，让孩子充满自信地步入考场。

（3）考试当天：适时到校。考试当天，首先必须做到早餐吃好。也就是说要有充足的用餐时间，最好在考前一个半小时用餐完毕。否则会因过多血液用于消化系统，使大脑相对缺血，影响大脑功能的发挥。

在到考点的时间上，一般在考前20分钟到校为宜。太早了，遇到偶发事

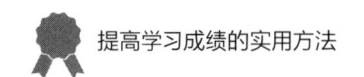

件的可能性增大，极易破坏良好的心态；过迟，来不及安心定神，进入考试状态的心理准备时间太短，有可能导致整场考试在慌乱中进行，造成不必要的失误。

（4）掌握一些答题技巧。考生在具备了扎实的基础知识、基本技能、良好的心理状态后，还应该掌握一定的应试策略。这里讲的应试策略就是科学应试，掌握一定的方法技巧，这对实现考试目标有着至关重要的作用。总有一些考生考试时"怯场""晕场"，除了心理上的原因外，没有掌握科学的应试方法也是一个重要原因。

如果做出以上努力后，仍出现怯场，也不必惊慌。这时你不妨按照以下步骤：先搁下试卷，稍做一下揉面等活动，或伏案休息片刻，这种转移注意力的方法，有助于克服紧张情绪。也可采取深呼吸的方法慢慢吸气、呼气，同时放松全身肌肉。经过1~2分钟的练习，也能缓解极度的紧张状态。

考试时提前了解必要的应试须知

相信很多学生在考前，会听到老师讲述大考中要注意的问题，这些问题也许老生常谈，但如果不加注意，那么即使你平时学习成绩再好，复习得再全面，也可能前功尽弃。那么，这些考试须知有哪些呢？

（1）清查考试用具。走出家门或宿舍，一定要将必备的应考用具清一清，如身份证、准考证、橡皮擦、三角板、尺规、2B铅笔等是否带齐，钢笔是否注满墨水等。此外，最好同时带上一两支备用的黑色字迹钢笔或签字笔。

（2）梳理考点。进考场前，可将本学科常考点、必考点、易混点在头脑中"过一遍电影"，梳理知识体系；还可同其他考生互问互答有关考点。切忌做一些较难的习题，以防干扰思路。

（3）提前到达考场。应按监考老师的要求，按顺序进考场。一手拿身份证与准考证，一手拿应考用具，稳步进场，不可匆匆进场。

（4）认真接受安全检查后，方可进入考场。切记带好考试包。进入考场对号入座后，将考试用具取出，将考试包放在课桌左上角座位卡的旁边，便于监考员检查。除考试包外，小件物品主动交存到"小件物品放置处"。每堂考试期间，身份证要交监考员汇总，等待统一核验。

（5）勿带违纪物品。不能带各种通信工具、电子存储记忆录放设备，涂改液、修正带等物品也是不允许带入的。在考场内不得传递文具用品。

（6）接到试卷和答题卡后，先填写好姓名、考号（准考证号），但决不能动笔答题，接下来检查监考老师下发的贴在答题卡上的条形码，认真核对是否是本人的姓名和准考证号。考前5分钟，除填涂考试信息外，严禁动笔答题。提前作答和终了作答都是国家明确规定的违纪行为。填空题只能用0.5毫米黑色签字笔书写。填涂时注意核对题号，防止错位。

（7）答案只能书写在答题卡上，其他地方无效；答案只能书写在答题卡规定的黑色矩形边框内，超出无效；改错时只要划去错误部分，在其上面或下面书写正确答案。禁止使用涂改液、涂改胶带纸或用透明胶贴扯欲修改的内容。

（8）考英语听力时，不得做英语听力以外试题。不得交头接耳，不得自行传递文具纸条，考试时原则上不得上厕所。

（9）快速查看试卷。考生接到试卷后，先写上姓名、考号，然后迅速将试卷从头到尾看一遍，摸清题情，看哪些题型比较熟悉，哪些题目比较简单。一旦答卷铃响，立即答好简单、熟悉的试题，以收旗开得胜之效。对较新颖的综合题，审题要慢、细，先慢慢回忆、检索解题信息，寻找突破口，找到线索后，迅速书写解答要点。

（10）答题快速准确。答题要快。解答题只写要点（即得分点），省略非主要步骤，对选择、填空题要善于压缩时间，可在第一卷上边算边答，切忌小题大做。

（11）卷面干净整洁。答卷是给人看的，要注意卷面整洁、工整，给阅卷老师留下好印象。同时，格式要规范，方便评卷，表达、作图要符合常规，不可另搞一套。做好这些感情投资，可增加卷面分和印象分，防止不当失分。

（12）考试终了铃响，考生要立即起立，停止作答，按照试卷在上、答题卡居中、草稿纸在下的顺序清点放在课桌上，依次从考室前门退出。

（13）禁止将答案抄写撕下带出，严禁考后互对答案。严禁开考铃响前、终考铃响后答题，违规者将受严惩。

（14）考后减少议论。不少考生考后喜欢议论、对答案，这是应考大忌。考生要从整体利益出发，放下包袱，把精力放到下一科的应考上。

（15）前面几堂考试考生的考试包由班主任代管，入场前发放，下考后立即收缴，最后一堂考完后，考试包由考生自己保管，但要特别记住千万不要将准考证或身份证遗失。

以上这15个方面，你都要记清楚并坚决执行。

考前三餐清淡为主，注意饮食均衡

大考前，很多学生和家长很关心一个问题，那就是考前到底该吃什么？不该吃什么？饮食上有什么需要注意的？中考临近，考生备考营养颇为重要，应选择一些有利于增强记忆力、缓解紧张情绪的食物。而最主要的饮食原则是清淡，切忌大鱼大肉。不必刻意追求高营养，但牛奶、鸡蛋、豆浆等富含蛋白质、钙质的食品是不可或缺的，尤其晚上睡觉前喝牛奶有助于睡眠。

那么，具体来说，在饮食上该注意些什么呢？

1. 一定要吃主食

葡萄糖是大脑活动的唯一能量来源，体内的糖不足，就会出现脑袋发晕等影响学习的状况。而糖主要来自碳水化合物，也就是粮食。

吃粮食要注意粗细搭配，应适当吃些玉米、小米、全麦。考生备考要适当增加主食的数量，但不可增加糕点、甜食、糖等代替主食提高热量，过多的糖会使人烦躁不安、情绪激动。

2. 早餐要吃饱

我们上午的学习及考试中，大脑所需要的能量几乎全部来自早餐，空腹不仅会影响水平的发挥，而且容易发生低血糖昏厥现象。因此，吃好早餐可以给大脑提供充足的能量，对保持旺盛的精力和较好的学习状态非常必要。

早餐不仅要吃饱，而且要保证吃好。应多吃一些补脑的食物，如鱼类、豆制品、瘦肉、鸡蛋、牛奶以及新鲜蔬菜、瓜果等，少吃肥肉、油炸食品等。早餐应该有粮食，干稀搭配、主副食兼顾，如粥和鸡蛋。考试当天的早餐不要让孩子暴饮暴食，否则会使大脑灵敏度降低，影响考试成绩。

3. 考前忌突然换食谱

考前大换食谱乃大忌。有的家长喜欢在考试前夕为孩子准备特别的饭菜，专家却指出，考前大换食谱是考生饮食的大忌。原因在于，食谱大变脸，肠胃需要一定的适应期，这反而容易影响身体状态。日常的生活规律不要改变，特别考试前两天不要突然吃一些不熟悉的食物或不经常吃的食品。此外，考前要少吃容易产气、产酸的食物，如韭菜、地瓜、碳酸饮料等。

4. 多食用新鲜蔬菜水果

蔬菜水果中含有丰富的维生素C和膳食纤维，维生素C既可促进铁在体内的吸收，更重要的一点，它还可增加脑组织对氧的利用。另外，这类食物还能帮助消化，增加食欲，尤其在炎热的夏天，本来食欲就低，加之复习考试紧张，就更不想吃东西了。吃一点新鲜水果可以开胃。

5. 可食用一些舒缓神经的食物

我们应注意选择含钙高的牛奶、酸奶、虾皮、蛋黄等食物，有安定情绪的效果。香蕉含有一种物质能帮助人脑产生5-羟色胺，促使人的心情变得安宁、快乐、愉快、舒畅。富含维生素C的食品，可以起到平衡心理压力的效果，柑橘和番茄是维生素C的最佳来源。每天饮用红茶，有利于舒缓神经。

掌握以上几点饮食原则，我们便可以根据自己的饮食习惯和爱好选择食物。

第 7 章　应试技巧，掌握方法有助于提高考试成功率
——考前、考中、考后必知的应试技巧

考完一门丢一门，别急着对答案

在学生的眼里，也许最为重要的就是考试后的成绩。因此，每次考试后在考场外面会出现这样的现象：有些考生情不自禁地围聚在一起核对答案。如果自己的答案和大多数同学是一致的，那么便会欢呼雀跃。有人欢喜有人愁，那些答案错误的同学就会顿足捶胸，懊恼不已。

其实，考生们考完后急于知道答案的这种心情是可以理解的，但这种做法正确吗？要知道，在考试刚结束一两门后，对答案有弊无利。考过的科目已经结束了，无论你高兴还是沮丧，都已经成为事实，对答案无非两种结果：一种是答案正确，此时，你可能会狂喜不已，但这种心情只会使你处于极度兴奋状态，甚至忘乎所以，就难以把注意力转移到下一门学科的考试上；而另一种可能是答案错误，也许失去的仅仅是小分，但缺乏自信者会因此而增加失败感、愧疚感，使自己的心情沉浸在后悔之中，耿耿于怀，心情郁闷，从而影响下一门学科的考试。从另一个方面看，刚出考场，大家商讨的都不一定是正确答案，各人所提供的答案定有差异，被他人认定答案是错误的实际上未必错误。以往考试中，因为核对答案，坏了自己的心情，影响下一门学科考试成绩的事例不胜枚举。

对于已经结束的科目，正确的做法是：考完一门丢一门。考试结束，你就应该放松心情，离开考试现场，找个安静的地方稍微休息一下，为下场考试做准备。当然，你可能觉得自己的答案有错，但你不必惊慌，要知道，即使是中考状元，也不可能每门课的答案都完美无缺，不去计较"一城一池"的得失，学会泰然处之，总结教训，争取在以后几门学科考试中"亡羊补牢"。回家后，若是家长问该学科的答题情况，只说说自己大体的感觉就可以了，不必谈得很具体。如果苦苦回忆所有答题情况，既浪费了许多宝贵的时间，又给自

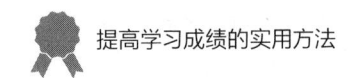

己和家长增加了沉重的心理负担，还可能招致家长的责难，何苦呢？

考试时考一门丢一门，不要想分数，想着自己考完就好了。可以给自己一个犒劳的诱惑，例如，考完就可以去做自己想做的事情了，只要坚持考完并且最后再认真一回，就可以如愿以偿了。

对上一科考试失利的考生来说，学会遗忘，并迅速把注意力转移到下一科上显得更为重要。因为失利是难免的，重要的是迅速摆脱阴影。

总之，面对考完的科目，你要做到考完一门丢一门，忘掉过去，专注未来的考试，既不以自我感觉良好而飘飘然，也不以自我感觉不好而沮丧，保持一份平常心去迎接新的考验，等待自己的将是丰收的喜悦！

掌握一定的答题策略和答题窍门

对于学生来说，最终都要参加升学考试，而考试的遗憾莫过于实际水平未能充分发挥出来，致使十几年的辛劳毁于两小时的"经验"不足。当一个考生进入封闭考场之后，他的知识和能力就是一个常数，而如何将所掌握的知识转化为阅卷得分点，这就取决于稳定的心态和答题的技术了。

答题得分到底有什么技巧，这也许是所有学生们关心的问题。关于这一点，也许学霸们能给我们答案。经过考试实战，学霸们都展现出他们本身所具有的良好心态、踏实的知识基础和应试技巧。下面是他们在备考应试阶段总结出的"四先四后"应试技巧。

1. 先易后难

顾名思义，就是在做题的时候，先做那些简单的题目，然后做较难的题目，先做A类题，再攻B类题。当然，容易和困难是因人而异的，"难者不会，会者不难"。虽然试卷本身的编排已经考虑到从易到难，但这仅仅是命题组的主观认识，而且数学试卷常常被设计为"两个从易到难的三个小高潮"（三类题型——选择题、填空题、解答题——从易到难；每类题型本身又从易到难）。也就是说，选择题的难题可能比填空题的易题困难，而解答题的易题又可能比选择、填空的难题容易。所以，进入第二遍答题时，就无须拘泥于从前到后的自然顺序，可根据自己的实际情况，跳过啃不动的题目，从易到难（被跳过的题目其实还在潜意识里继续思考），特别是不能在低分值的题目上耽误过长时间，防止"前面难题久攻不下，后面易题无暇顾及"。

2. 先熟后生

先做那些内容掌握比较到家、题型结构比较熟悉的题目，后攻那些题型、内容，甚至语言都比较陌生的题目。先做在某些方面有熟悉感的题目，容易产生精神亢奋，会使人情不自禁地进入状态，展开联想，促进转化，拾级登高。

3. 先高后低

这是说要优先处理高分题（解答题），特别是在考试的后半段时间，更要注意解题的时间效益。

（1）两道都会做的题目，应先做高分题，后做低分题，以减少时间不足的失分。

（2）到了最后一二十分钟，也应对那些拿不下来的题目先就高分题实施"分段得分"，以增加在时间不足的前提下的得分。事实证明，"大题拿小分"是一个好主意。

当然，"先高后低"要与"先易后难"结合起来，不能不分难易，专挑高分题做，否则会造成"高分难题做不出来，低分易题没时间做"。

4. 先同后异

就是说，可考虑同学科、同类型的题目集中处理，如同为函数题，同为方程题，同为不等式题，同为数列题等，这些题目常常用到同样的数学思想、类似的思考方法，甚至同一数学公式，把它们结合起来一齐处理，思考比较集中，方法或知识的沟通比较容易，有利于提高单位时间的效益。一般来说，数学解题必须进行"兴奋灶"的转移，思维活动必须进行代数学科与几何学科的相互换位，兴奋中心必须从这一章节跳跃到另一章节，但"先同后异"可以避免兴奋中心转移得过急、过陡和过频。

当然，除了做到以上几点，最重要的是你要坚持到最后一分钟，忌好胜心理。时间就是胜利，珍惜一分钟，有可能减少你一分甚至几分的失误。答完卷后，要认真检查，反复核对，切忌为出风头而草率交卷。要恪守"不到最后一分钟绝不停笔"的良训。

考试前别给自己太大的压力

我们都知道，在任何大考中，一个人的心态都十分重要。在考前，无论你的学习好坏，最重要的是要调整好心态。没有好心态，绝对考不出好成绩。可好心态并非与生俱来，而是靠一点点的修炼。

我们先来听听学霸们是如何修炼自己的好心态的。

求芝蓉说："周末晚上，可放松地看看喜爱的电视剧或电视节目，有助于调整状态。"

喻鹏阳说："活得'2'些，寻找生活中的乐趣，与同学老师多开玩笑。试试在所有作业本的名字旁，画上一个自己的笑脸。"

王子君说："若要好心态，父母也得配合默契。例如，在高考前向父母出具'高考通知书'：请不要问我高考用具准备好了没有；请爸爸妈妈保持正常心态，话语行为与平时一致；高考过程中，请不要询问各科考试情况。开车接送我高考的时候，请保持冷静，注意礼让行人。高考前，还可以给父母一份'高考菜谱'，罗列平时爱吃的菜。其实，高考，不过就是第十次月考。反正成绩在走出考场的那一刹就已经定了，干脆抛开一切。"

陈琨说："遇到困难或情绪低落的时候，散步的效果不错。边散步边思考，烦恼很快就消散了。"

徐恩迪说："心理暗示很重要。这样安慰自己：每个人都会有薄弱科目或者不喜欢的科目，如果不擅长数学，每天对自己说三四遍'我喜欢数学、我喜欢数学'，不要让自己对数学产生抵触情绪，越抵触越没信心。其实老师们也很'精通'暗示法。例如，有同学怕写作文，就会拿她的作文当范文给全班同学看，以示鼓励。"

不难发现，学霸之所以能在众多考生中脱颖而出，除了他们确实较好地掌握了知识外，还因为他们都具有良好的心态，能在考前做到放松自己，不给自己太大压力。

那么，也许你会问，大考前，该怎样放松自己呢？

以下是学霸们提供的一些建议：

一种方法是：要注意放松休息好，加强营养，注意锻炼，保证睡眠，听听音乐散散步，要按考试的时间和科目做一些前几年的真题，看看以前做错的题以及笔记、课本中不熟悉的地方，然后休息。在考试的时间里做卷子，看一些笔记，有助于调整生物钟，否则几天不做卷子就可能手生，手生就难以进入状态。不要看太多的书，把知识梳理一下。也不要做过难的卷子，否则做不出来会挫伤自信心。要休息好，不要使身心疲惫。

另一种方法是：一星期里基本不看书，干一些家务，听点轻音乐，心静如水，在平静中把心态调到一个适当的兴奋点，不看错题，把所有缺点丢掉的话考分肯定会高。

因此，考试的前一天可看一些题，以不做题为好，大考的前一天和考试前要做深呼吸（平时要训练，运用不当会头晕、头痛影响考试），吃得好，睡得香，即使睡不好，只要心态好，也能精力充沛，中午要休息。

考试前要活动一下，对人笑，对着镜子朝自己笑，早点到考场，保持平常心，要笑着挺胸抬头，充满信心地走进考场，把中考当作一次平常的考试。

如果失眠了，就想：睡几个小时就行了，只要精神好；全国几百万考生，失眠的岂止我一个。

当然最重要的是，无论如何，你都要树立自信心，相信自己能取得好成绩，这样你就能真正做到放松了。

第8章

学习细节，让小细节帮你的成绩加分
——注重平时努力提升学习品质

在学习过程中，相信不少学生有这样的苦恼，偶尔取得好成绩确实令人欣喜，但成绩不稳定该怎么办呢？事实上，影响成绩的因素有很多，有身体因素、方法问题、努力程度等，只要我们从一些小细节入手，这个问题就能解决。

在与老师的沟通交流中自我成长

学生要学习,就要去学校,就要接受老师的教育,大部分知识也都是老师传授的。对学生来说,老师就是知识的宝库、知识的海洋。从幼儿园到小学、初中、高中,一直到大学,老师引领我们学习科学文化知识,教会我们做人的道理,老师在每个学生的成长中都扮演着重要的角色。因此,把老师当成朋友,主动向老师寻求帮助,对我们的学习和生活都有着不可估量的作用。

然而,老师的脾气秉性各有不同,要想喜欢每个老师,实在是一件不容易的事。也许你有这样的体会,当你对某个老师有了不好的看法时,往往这门课学起来特不舒服。其实,人无完人,我们对别人或多或少总是会有点儿看法的。许多同学对老师有自己的评判标准,尤其认为老师不应该有私心和偏心,这点是大多数学生不喜欢的,但这影响了我们上课的情绪,更别说与老师友好相处了。

当面对一位不喜欢的老师在面前侃侃而谈的时候,真的很难有学习的兴趣。有许多同学可以找到很多理由不喜欢老师,以此作为可以不学或不学好这门课的理由,这实在是太愚笨了。但如果只是因为这个原因就不喜欢老师的课程,那么最大的输家一定是自己。那么如何调整呢?当然,这里的前提是你至少认为学习是必要的。

当你对老师有了不良情绪的时候,要多从自己身上找原因,多从自己这里找出路。因为老师也是人,我们应该容许他人有不足。

事实上,我们不难发现,很多成绩优异的学生都善于与老师沟通、交流,从老师身上汲取宝贵的学习与人生经验。

张雪悦在被记者采访时,分享了自己的学习心得:"刚进学校时一次期中考试,我考了第一,但感觉压力很大,担心下一次考试会落后。"好在班主任王娟与她及时沟通，告诉她第一名谁都可以考，一次并不代表永远。

就是这样一次简单的聊天，师生俩成了无话不说的朋友。

"我只要有什么想不通的就和王老师沟通，解压效果非常好。"

那么，学生们，在遇到学习和生活上的问题时，你也会与老师沟通吗？

事实上，老师不只是我们的良师，还是我们的益友。但要想让老师成为我们的益友，就需要自己主动去与老师做朋友。

首先，要克服怕老师的心理。想想你到底怕他们什么，是批评还是发火呢？为什么会怕呢？如果想不到便是没什么可怕的。如果有，如怕老师批评，就去学习接受他的批评，慢慢也就不会怕了。

其次，在课余时应该多与老师交谈。在交谈中不仅能使你增长更多、更广泛的知识，而且能增进彼此的了解，找出彼此相同的兴趣爱好。如果老师成为你的益友，就能帮助你上进，在失败时拉你一把，在迷茫中为你引路。

其实，大部分老师很乐意与学生交流，因为对他们来说，这不仅表现出学生对他们的尊重，而且也是他们的工作形式之一。融洽的师生关系比起师生间的冷漠，孰好孰坏十分明显。毕竟老师是过来人，见多识广，所以很多学生容易出的问题，他们肯定会有自己独到的看法。跟老师交朋友对你的学习会很有帮助，从一些优秀的老师身上还可以学到许多为人为学的道理。所以，应该跟老师做朋友。

此外，还要提醒你注意的是，每个人都不可能是完美无缺的，都有自己的优点和缺点，老师也是这样。你应多多看重他们的优点，忽视他们的缺点。唯有这样，才能把老师当成真正的朋友，也唯有如此，你才能从他们那里学到更多的知识，取得学习的进步。

会学习的人懂得给自己喘气的时间

对每个有升学压力的学生来说，他们每天的生活大部分是围绕着"吃饭""学习""睡觉"，一些学生在课余时间不参加任何体育运动，课间也不休息，中午吃饭只是"凑合"。他们恨不得"将每一分时间和每一点精力都留给复习"。这些学生往往只看重一时需求，却忽视了长远的影响；只注重学习时间的累计，却忽视了学习效率的提高。其实这样的做法并不科学，不利于压力的及时释放，非但难以促进学习，反而会使复习效果大打折扣。因而在学习过程中，一定要注意劳逸结合才能保持精力充沛，才能使注意力集中。那么，怎样做到劳逸结合呢？

我们先来听听陈威是怎么说的：

提到自己中考冲刺的体会，陈威的方法很简单：劳逸结合，放松心态。陈威说："学习是一个技巧活，不能蛮干。中考的结果固然很重要，但初中三年我们收获的不只是最后的一个考分，享受过程才是首选。"

陈威说："面对中考，建议人家不要轻易否定自己，始终不要放弃，坚持自己的追求。此外，还有一点很重要，冲刺阶段的复习更要劳逸结合，经过三年的长跑，其实大家都已经付出了很多，在最后阶段，依然拼命苦学、死学会更加让人疲惫不堪，这时应适当地放松休息，有助于把自己的临考状态调整到最佳。"

陈威是要告诉我们，学习中一定要注意劳逸结合。该休息的时候就休息，该学习的时候就学习，休息时间能不谈学习就不谈，否则很容易造成自己紧张。

要做到劳逸结合，你就要做到以下几点。

1. 课间主动休息

学校之所以安排课间10分钟的休息时间，其实是有科学依据的。人在经历

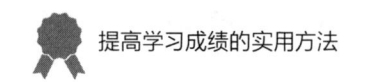

了一段时间的工作和学习后，兴奋度会降低，如果再持续进行这类工作，那么这些外界的刺激就不会使大脑皮层兴奋，甚至会引起抑制。要使大脑的功能一直保持旺盛的状态，就要让大脑劳逸结合。因此，课间10分钟学生应该走出教室，呼吸些新鲜空气，活动一下筋骨，而不应该仍在教室内做功课。

2. 多参加体育运动

身体是"学习的本钱"，没有一个好的身体，再大的能耐也无法发挥。因而，你要劳逸结合，不要死读书而忽视了锻炼身体。

3. 保持一颗平常心

大考前夕，有些学生变得非常紧张，吃也吃不下，睡也睡不着，生物钟都被打乱了。其实，轻松的心态是取得好成绩的一个重要因素。对于学习，应坚持一种理念，那就是"在快乐中学习，在学习中寻找快乐"。学生应尽量保持平常心，不要刻意改变生活习惯，该怎么复习就怎么复习，该几点睡就几点睡。

4. 保证充足睡眠

对于学生来说，平时的学习生活中充满了大考小考、频繁的测验，这使得学生的心理压力很大，部分学生不得不牺牲睡眠时间强化复习。因此，无论学习压力有多大，功课有多紧，睡眠时间绝对不能低于6小时，这是学生的睡眠底线，不能打破。

5. 和同学融洽相处

与他人之间的关系如何，当然会影响到一个人的心情，而情绪的好坏直接影响到一个人的学习和工作效率。每天有个好心情，做事干净利落，学习积极投入，效率自然高。另外，把个人和集体结合起来，和同学保持互助关系，团结进取，也能提高学习效率。

总之，只有合理安排时间、注意劳逸结合，你才能真正提高效率，才能考出好成绩。

培养和提高自我学习的能力

有人曾说过:"未来的文盲不再是不识字的文盲,而是没有学会怎样去学习的人。"现在是知识爆炸的时代,科学技术迅猛发展,光靠教师在课堂上传授知识是远远不够的,迫切需要培养学习能力,特别是学生的自学能力。而对于初中阶段的学生来说,要想真正掌握知识,就应该学会自主学习,培养一定的自学能力。事实上,我们不难发现,那些学霸都不是被动地接受老师传授的知识,而是会自动、自主、自发地学习。

中学生们,如果你也希望真正掌握知识,并考出一个好成绩,你就需要重视自学能力的培养,这也是素质教育的要求。自学能力是打开知识宝库的金钥匙,是创新成功的基本途径之一。在当今社会,没有知识的劳动者将被淘汰;没有自学能力的劳动者,也将被社会淘汰。只有提高自学能力、自立能力,你才能在社会中有立足之地。

那么,我们该如何培养自己的自学能力呢?

1. 善于预习

预习就是一种自学,学生通过自己的思考,对将要学习的知识有一定的了解,然后在教师的讲解下会很快掌握。在课前先学习、理解书本知识,这是培养你自学能力的开端。当然,你可以请求老师的监督,从而知道自己的完成情况,这样你就能学会自己预习,而且效果会不断提高,渐渐地就能拥有自学知识的能力了。

2. 把握学习规律

要培养自学能力,你就要研究学习规律,根据学习规律去指导自己学习。这样,你就能在学习概念原理时,找到思考的方法;在解题时找到分析问题的方法;在复习时找到概括综合知识的方法。当你具有了一定的学习方法,就赢得了学习的主动权，就可以逐步依靠自己的能力去获取知识。

3.学会归纳学习方法

一个人自学能力的强弱，很多时候体现在他的学习方法上。一个会自学的人，通常有一套行之有效的学习方法。当然，这是一个循序渐进的过程，需要你不断摸索。

总之，你要在学习中发挥自主意识，并且要把培养自己的自学能力渗透到生活中去。你只有做到主动地去学，自学能力才会逐渐增强。

注意力高度集中，才能提高学习效率

意大利教育家蒙台梭利曾说过："孩子成长过程中，最主要、最基本的就是注意力集中。"这句话告诉所有学生们，无论是在未来还是当下，无论做什么事，你们都要做到专注。而对于课堂学习，如果你有上课不集中听讲的恶习，那么从现在起，你一定要纠正。

成绩优秀的刘晶晶的几位老师曾接到记者的采访。

在校办公室，班主任黄玉珍很开心，她说："晶晶能够取得这样的好成绩，与她的踏实认真有很大的关系。"

黄老师说，刘晶晶是个非常明事理的孩子。在他人眼里，刘晶晶的爱好很少，因为她专注于学习，所以能够取得好成绩。此外，在生活上刘晶晶也非常自立，而且非常懂得关心周围的人。

"好学生也会有问题，例如，晶晶喜欢看书，她的思想有时候显得比其他孩子成熟，所以，有时候与人相处时她会表现得居高临下。我注意到这个细节，曾经找她谈心，后来晶晶成了班里很多同学的好伙伴。"黄老师说。

在操场上，记者和晶晶见到了一直陪她"玩大"的体育老师季明东。"可以说我是看着晶晶长大的。晶晶好静，她很专注于做一件事，这次她考出好成绩，我为她高兴。"季老师说。

从刘晶晶的两位老师的话中可以看出，她能取得好成绩的一个重要原因是——学习专注。

的确，对于每个学生来说，最重要的任务莫过于学习，只有专注于学习，才能摒除外部世界对你的干扰，这也是你需要坚持的原则之一。

然而，在平常的课堂中，你是否有这样的表现：

上课集中注意力时间短，经常东张西望，做小动作，如玩钢笔、抓耳挠

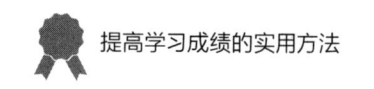

腮等。

不听从老师的指令，不能遵守课堂纪律。

上课时常想与同桌说话，不能专心做作业，影响别人。

行为较为急躁冲动。

小组讨论中不能像别人一样遵守规则，不能等待，表现为急不可耐。

实际上，保持良好的注意力，是大脑进行感知、记忆、思维等认知活动的基本条件。在学习过程中，注意力是打开心灵的门户，门开得越大，你学到的东西就越多。而一旦注意力涣散了或无法集中，心灵的门户就关闭了，一切有用的知识信息都无法进入。因而，良好的注意力会提高你学习的效率。

那么，课堂上，你该如何集中注意力呢？

1. 充分做好课前准备

这包括两个方面：

（1）做好知识上的准备——课前预习。知识上的准备主要是新课涉及的有关内容。对新知识的预习应抓住难点，明确听课重点，这是一项重要的准备工作。

（2）做好身体和心理上的准备。上课学习，是一项艰苦的劳动，它需要学生有充沛旺盛的精力和健康的体力。为了做好身体上的准备，要求学生必须做到两点：一是要有充足的睡眠和休息，二是要注意饮食与营养健康。

2. 听课要全神贯注

学习效率取决于信息渠道的畅通与信息活动的质量。听课是接收信息，是信息活动的第一道关口，能否全神贯注，决定信息接收的量和信息活动的质，影响整个学习过程的效率。

3. 积极认真地思考

学习离不开思考，多思还能调动你的思维，从而让你专注于课堂。

注意力的集中作为一种特殊的素质和能力，需要通过训练来获得。因此，当你因注意力无法集中而影响学习、备感苦恼时，不妨采用以上方法来矫治、训练自己的注意力，提高自己专心致志的素质。

勤奋学习，会让你变得更优秀

也许每个学生的心里都有个共同的梦想——能在升学考试中取得好成绩，于是，成绩优异的同学便成为学生羡慕的对象。有人认为，他们能取得好成绩，只是运气好罢了。其实，我们要明白的是，那些考取优异成绩的学生在日常学习中好学勤奋，才会如此优秀。

谢建军从小就是个品学兼优的好孩子，他曾经这样总结自己学习的能力。

"学习除了天分，就是努力，再努力。"当问起谢建军在学习上有什么诀窍时，他认为自己成绩好主要得益于初中三年比较努力。初中三年，老师发的练习书、自己买的习题和试卷他都一一认真做过，有关例题也都一一认真看过。谢建军说，初一和初二的两次竞赛使他明白，学习除了要有天赋外，很重要的一点就是努力。

刚进初中的时候，谢建军觉得自己数学考得不是很好，当被老师定为数学竞赛组预选人员时，他为了能在20人进10人的选拔中被选中，那段日子在杭州集中培训，他特别用功。空闲时，别人在打牌，他就去参加自修或者去书店看竞赛书籍，丝毫不敢懈怠。结果在那次比赛中，他取得了一等奖的好成绩。而在初二的时候，因为已经得过一次奖，他开始有点儿松懈下来。同样去杭州集中培训，一空下来，别人打牌他也打牌，并开始出去逛街等，在竞赛上所投入的精力远不及上一次，结果那次竞赛他与一等奖相差五六分，这让他后悔了好一阵子。就是从那个时候开始，他认识到了努力对学习的重要性。到了初三，他就变得更自觉了。

的确，从谢建军的话中可以看出学霸们之所以能在中考中取得夺目的成绩，并不是运气使然，而是勤奋的结果。

伟大的成功和辛勤的付出总是成正比的，有一分付出就有一分收获，日

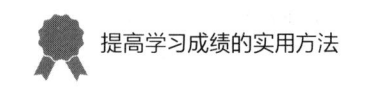

积月累，奇迹就可以创造出来。只有勤奋才是最高尚的，才能给人带来真正的幸福和乐趣。青少年朋友们，从现在起努力吧！你需要做到以下几点。

1. 树立脚踏实地的态度

做任何事情都必须具备勤奋的态度，学习也是一样。真正的成功是一个过程，是将勤奋和努力融入每天的生活中，融入每天的学习中。

2. 习惯是最好的老师

如果勤奋已经成为一种习惯，那么，它也就能变成一种理所当然的事。就像习惯睡懒觉的人认为早起是痛苦的，但习惯于早起的人却把早起当作一件平常不过的事，因为早起对他们来说已经是一种习惯。

3. 要有坚定的决心和持之以恒的毅力

这是老生常谈的话题，但依然重要。那么，如何做到中途不放弃？你要有良好的心态、乐观的精神和自信心。很多人选择目标后又中途放弃，就是因为觉得坚持这么久，没有成果，觉得自己学的没有用。其实，条条大路通罗马，既然选择了自己的路，就要毫不犹豫地走，一直在原地徘徊，犹豫不决，不知是否该前进，只能让时间白白流走而已。

4. 要找到适合自己的勤奋之道，也就是方法

你可以根据自己的性格特征找到一条自己的路。例如，在看书上，每个人每天都有自己比较兴奋的一段时间，你在这段时间可以看一些自己并不是很感兴趣的书，而在心情比较低落的时候看一些自己喜欢的书，调节一下。

爱因斯坦说："人的价值蕴藏在人的才能之中。在天才和勤奋两者之间，我毫不迟疑地选择勤奋，它几乎是世界上一切成就的催产婆。"如果你能做到勤奋学习、勤奋做事，你必当会有所收获。

学习需要坚持到底的耐力

相信很多学生听过这样一句话："世界上怕就怕认真二字。"如果你能安下心来认真做一件事情，就没有做不好的。而急躁是一种冲动性、情绪性、盲动性相交织的心理状态，它与艰苦创业、脚踏实地、励精图治、公平竞争是相对立的。作为一名学生，你若希望提高学习效率，在学业上有所收获的话，就必须培养耐力。

可能你也发现这样的现象，对于某个知识点，为什么有很多人看了很多次却记不住？为什么一看书就烦躁？原因还是急于求成，心浮气躁。

急躁是青少年的通病，但任何一件事，从计划到实现的过程，总有一段所谓时机的存在，也就是需要一些时间让它自然成熟。假如过于急躁而不甘等待的话，经常会遇到破坏性的阻碍。因此，无论如何，你都要有耐心，压抑那股焦急不安的情绪，才不愧是真正的智者。

清华大学国学大师陈寅恪，在一次演讲中送给青年人一句话："心有浮躁，犹草置风中，欲定不定。"他告诫学生要自定心神，集中精力，清除浮躁，专注功课。对于青春期的中学生来说，学习是最重要的任务，而学习并不是一件轻松的事，它需要你不断坚持、不断探索，这样才能不断进步，并且，它还需要你有严谨的思维、踏实的学习精神，千万不能浮躁。因为浮躁心态是学习的大敌，是学习失败者的亲密朋友。当然，生活中的学生们，要做到在学习上有耐力不是一件容易的事，对此，我们有以下一些建议。

1. 告诉自己，学习一定要有始有终

这是一种自我认知上的锻炼，如果你认为自己是个做事虎头蛇尾的人，那么在日常学习时，你就应该有意地改正，并反复暗示自己："我一定要做事有始有终，否则，就可能造成自己无法承担的后果。""坚持就是胜利。"长时间下来，你就能培养出持之以恒、认真负责的好习惯。

2. 比较时要知己知彼

"有比较才有鉴别"，通过比较，人们能看到真实的自己。但即使比较，也一定要知己知彼，只有做到从多方面比较，才能看得全面，否则你得到的结果就是虚假的。如果人们都能这样比，那么，自然就少了很多不平衡的心理，也不会感到无所适从。

3. 要有务实精神

务实其实就是脚踏实地，不浮躁，只有打好基础知识，你才能开拓，否则一切都是花架子。

4. 遇事善于思考

考虑问题应从现实出发，而不能凭意气用事，学会站在全局的角度看问题，你就能看得远，寻找出最好的解决方法。

的确，如果你能够坚持，真正地静下心来，认真地去学习，你能做的会比现在好很多。

第 9 章

学习记忆，高效记忆让你又快又好地记牢知识
——别在记忆力上输给别人

学习，离不开记忆。记忆，就是知识的储存。学过的知识只有记住了才能发挥作用。离开了记忆，一切学习活动都失去了意义。一些学生常常抱怨自己的记性不好。其实，普通人大脑的记忆功能是相差不大的。实际记忆之所以有差异，是因为每个人对大脑记忆的规律和提高记忆能力的方法掌握多少不同。那么，什么才是高效的记忆方法呢？

第9章 学习记忆，高效记忆让你又快又好地记牢知识
——别在记忆力上输给别人

记忆力是学习的基础

我们该如何获得知识？当然是学习。然而，学习包括很多方面，其中就包括记忆。可以说，任何人要想获得知识，都离不开记忆。记忆是人类认识和改造世界的基础，是人类智力活动的一个重要组成部分。

对学生来说，学习更离不开记忆。记忆在学习中起着至关重要的作用。无论是接受间接知识或积累个人的直接经验，都离不开记忆。同时，记忆离不开人们认识客观事物、改造客观世界的实践活动。一个人所拥有的记忆力，关键还是靠在实践中磨炼提高。不同年龄的人宜采用不同的记忆方法，不同的记忆内容可采取不同的记忆方法，不同的环境条件下应采取不同的记忆方法。

所谓记忆，指的是经历过的事物在头脑中保持和重现的心理过程。有没有记住，主要看能不能再认、能不能回忆和能不能复做。

例如，解答一道选择题，当看完题目之后，答案还没有在头脑中出现，但一看供选择的答案，立刻认出其中有一个是该题的答案。这种感知过的事物出现在眼前时，能够认识它们的现象就叫再认。经历过的事物不在眼前，也无人提示，但能独立地再现出这一事物的印象，叫回忆。这种情况在学习中比比皆是，如背诵课文、记单词、写化学方程式、使用公式解题等。学过的动作，在需要时能准确地重复做出来，叫作复做。能"回忆"出来，反映了较高的记忆水平。

记忆在学习中具有很大的作用，没有记忆，学习就无法进行。法国一位数学家说："记忆是一切脑力劳动之必需。"法国作家伏尔泰说："人，如果没有记忆，就无法发明创造和联想。"

具体地说，记忆在学习中的作用主要有以下几点。

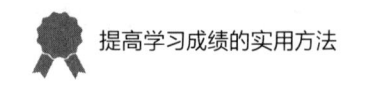

1. 学习新知识离不开记忆

知识具有严格的系统性，学习总是由浅入深，由简单到复杂，是循序渐进的。正如建造大厦那样，要从打地基开始，一层一层建起。老师在讲课之前，要求学生进行预习和复习，正是为了使学生记住学习新知识所需要的旧知识，以便把新旧知识联系起来。忘记了有关的旧知识，却想学好新知识，那就如同想在天空中建楼一样可笑。一位捷克教育家说："一切后教的知识都根据先教的知识。"可见记住先教的知识对继续学习有多么重要。

2. 思考离不开记忆

面对问题，引起思考，力求加以解决，可是一旦离开了记忆，思考就无法进行，问题自然也解决不了。假如在做求证三角形全等的习题时，把三角形全等的判定公理或定理给忘了，那就无法进行解题的思考。人们常说，概念是思维的细胞，有时思考不下去的原因是思考时把需要使用的概念和原理遗忘了。经过查找或请教又重新回忆起来之后，中断的思考过程就可以继续下去了。宋代学者张载说过："不记则思不起。"这话是很有道理的。感知过的事物不能在头脑中保存和再现，思维的"加工"也就成了无源之水、无米之炊。

3. 提高学习效率离不开记忆

记忆能力强，就可以在头脑中建起一个储存库——"智慧的仓库"。这个"仓库"里储存着通过学习获得的一切有价值的成果。在新的学习活动中，当需要某些知识时，可以随时取用，从而保证了学习和思考新知识的迅速进行，节省了大量查找、复习、重新理解的时间，使学习的效率大大提高。

总之，如果你想提高学习成绩，想真正获得知识，就必须重视记忆的作用。

如何有效提升自己的记忆力

对学生来说，如何增强记忆力是每个人都关心的共同问题。其实学习是一个知识积累的过程，知识的积累离不开记忆，而考试作为检验学习的一种手段，需要对记忆的知识和信息加以提取。因此，记忆的效果直接影响到学习质量和考试成绩。对那些准备迎接中考的同学来说，记忆量是很大的。那么，如何增强记忆力呢？

1. 对自己的记忆力有信心

经常有人抱怨自己记忆力不好。其实，人的记忆力表现在各个方面：有的人擅长记数字，有的人擅长记人名，有的人擅长记单词，有的人擅长记街道。千万不要因为自己在某方面的记忆力欠佳，就全盘否定自己的记忆力，丧失信心。对于自己不擅长的方面，完全可以通过训练来加以弥补。

2. 记忆要有明确的目的

不少学生有这样的体会：课堂提问前看书，记忆效果比较好；考试之前学习，记忆效果比较好。其原因在于记忆的目的明确，因为害怕记不住而直接影响学习成绩。这种非记住不可的紧迫感，使得记忆的效果大大提高。

实践证明，在其他条件相同的情况下，有明确的记忆目的，则记忆力持久且强劲，反之则短暂而微弱。在一个检查记忆力的实验中，把记忆力大致相同的同学分成两组，然后观看一段录像。其中A组同学事先得到明确的提示，大都能寻找出录像中有几处错误，而B组同学并没有什么明确的目的，其记忆力明显低于A组。

学习的实践证明，记忆的任务明确、目的端正，就能发掘出各种潜力，从而取得较好的记忆效果。一般来说，重要的事情遗忘的可能性比较小。

不少学生总抱怨自己的记忆能力太差，其实根本原因在于学习的动机和目的不端正，学习缺乏强大的动力，不善于给自己提出具体的学习任务。因此，学习时就没有"一定要记住"的紧迫感，注意力就不容易集中，使得记忆效果很差。可是自己又不从学习动机和学习目的上找原因，反而一味地怪自己的记忆力太差，再去学习时，又缺乏"一定能记住"的信心，结果就更加记不住了，形成恶性循环，使学习成绩越来越差。

有了"一定要记住"的意识，又有了"一定能记住"的信心，记忆的效果一定会好的。

3.要学会提高注意力

记忆时只要聚精会神、专心致志，排除杂念和外界干扰，大脑皮层就会留下深刻的记忆痕迹而不容易遗忘。如果精神涣散，一心二用，就会大大降低记忆效率。

4.学会提高理解力

理解是记忆的基础，只有理解的东西才能记得牢、记得久，仅靠死记硬背，则不容易记住。对于重要的学习内容，如果能做到理解和背诵相结合，记忆效果会更好。

5.兴趣是增强记忆力的催化剂

一个人对他所感兴趣的信息和对象，会产生高度集中的注意力与观察力，精神上更加亢奋。

6.要及时复习

遗忘的速度是先快后慢。对刚学过的知识，趁热打铁，及时温习巩固，是强化记忆痕迹、防止遗忘的有效手段。学习时，不断进行尝试回忆，可使记忆错误得到纠正，遗漏得到弥补，使学习内容难点记得更牢。闲暇时经常回忆过去识记的对象，也能避免遗忘。

记忆与遗忘是对立统一的。人的遗忘是有规律的，表现为最初遗忘得较快，几天后会重新想起来，以后逐渐慢慢地遗忘。因此，在遗忘到来之前，必须及时地复习，以便大大提高记忆的持久性。首先要有简练的复习提纲，依纲复习，"纲举目张"；其次要将及时复习、集中复习、分散复习相结合。

7. 学会视听结合

可以同时利用语言功能和视、听觉器官的功能，来强化记忆，提高记忆效率，这比单一默读效果好得多。

8. 科学用脑

在保证营养、积极休息、进行体育锻炼等保养大脑的基础上，科学用脑，防止过度疲劳，保持积极乐观的情绪，能大大提高大脑的工作效率。这是提高记忆力的关键。

记忆力是人脑的记忆能力，是人脑对于已知的经验、知识、心理体验和各种社会活动的识记。学习任何科学知识，都离不开记忆，而学习的最大障碍莫过于记忆力差。强记忆力能够迅速、准确、持久地掌握学习过的知识和技能，也能较好理解、运用这些知识和技能。掌握以上8点并在实践中灵活运用，相信你定能培养成较强的记忆力，更多地汲取科学文化知识，在知识的海洋里恣意地遨游。

增强理解是提高记忆力的捷径

学习中,很多学生抱怨自己总是记不住知识,而理解往往是记忆的前提和基础,因此,理解是最基本、最有效的记忆方法。俗话说:"若要记得,必先懂得。"捷克著名教育家夸美纽斯说:"学生首先应当学会理解事物,然后去记忆它们。""只有彻底地懂得,并且记忆了的东西,才能看作心理的财产。"

范瑶瑶是个擅长理解记忆的人。范瑶瑶笑着说:"我并不觉得历史难背,我也从没刻意背过历史。平时,我只是把历史事件当成一个个小故事看,一遍一遍反复看。长时间下来,当试卷中提到哪个历史事件时,书上相关的一页内容连图带字就会在我脑中呈现出来。"

从范瑶瑶的话中可以看出,理解对于记忆的重要性。那么,你在记忆活动中就要努力学会和掌握这个记忆方法,只有理解了才能很好地记忆。

现在我们来做一个实验:

假如黑板上有以下20个名词——线、茶叶、勺、糨糊、剪刀、炉子、筷子、笔、衣服、火柴、酒杯、信封、纽扣、杯子、碗、邮票、水壶、碟、信纸、针。在看完两三分钟后,你来默写一次,能记住多少?

这里,如果你能将这些名词分类:与喝茶有关的——杯子、茶叶、水壶、炉子、火柴;与缝纽扣有关的——纽扣、线、剪刀、针、衣服;与吃饭有关的——碗、勺、碟、筷子、酒杯;与通信有关的——信封、邮票、糨糊、信纸、笔。

如果你能这样分组,相信记忆的效果一定会好很多。这属于意义识记,也就是要理解事物的意义,并利用过去的知识和经验的一种记忆方法。而默写不好的学生没动脑筋,只忠实于黑板上缺乏内在联系的名词顺序,直接去背。这属于机械识记,也就是不需要理解事物的意义或不需要利用过去的知识和经验,只靠对事物的重复来记忆的方法。

这两种记忆法在学习和生活中都会用到。例如，对原理、定义、定理、法则的记忆要靠意义识记；对历史年代、人物名称、山的高度、元素符号的记忆，就要靠机械识记。

不同年龄，两种记忆方法在记忆中所占的比例也是不同的。机械识记在记忆中所占的比例，小学一年级是72%，初二是55%，高二是17%。意义识记在记忆中所占的比例，小学一年级是28%，初二是45%，高二是83%。可见，随着年龄的增大，学生记忆中的意义识记所占的百分比越来越高，而机械识记所占的百分比则越来越低。

了解了这个特点，记忆时就要尽量通过思考，待理解以后再记忆，这就不再是死记硬背了。而不理解就去记现成结论，就叫死记硬背。

理解记忆的运用步骤如下。

1. 了解大意

在记忆某个事物的时候，首先要弄清它的大致内容。拿读书来说，先要通读或者浏览一遍。如果是记忆音乐，先完整地听一遍全曲。了解了全貌才能对局部进行深刻的理解。这也就是"综合"。

2. 局部分析

对事物有了大致了解后，就要逐步深入分析。例如，对一篇论文，要弄清它的论点论据，根据结构分成若干段落，逐个找出主要观点，也就是要找出"信息点"，加以认真分析、思考，以达到能编制文章纲要的程度。

3. 寻找关键

也就是韩愈在他的《进学解》中所说的"提要钩玄"。找到文章的要点、关键和难点，并弄明白，然后牢牢记住。只有在此基础上，才能理解和记住其比较次要或者从属的内容。

4. 融会贯通

就是将所理解和记住的各种局部内容，联系起来反复思考，全面理解，这样更有利于加深记忆。

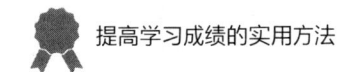

5. 实践运用

所学的东西是否真正理解了，还要看在实践中能否运用。如果应用到实际践中就"卡壳"，那就说明并未真正理解。真正的理解是有具体标准的：一是能够用语言和文字解释，二是会实际运用，而且在实际运用过程中会继续深化理解。

总之，你在对所学的知识进行理解时，应该充分利用分析和综合的方法，以促进理解，提高记忆的效能。

形象记忆，把抽象概念图形化

俗话说："百闻不如一见。"意思是听到不如看到的可靠。它还包含着这样一个道理，即直观形象的事物给人的印象较为深刻。识记过程也是这样，直观形象的材料比枯燥抽象的材料容易记住，大量的实验证明了这一点。例如，老师向同学们分别出示10个形象的实物和抽象的词语，然后当场请他们回忆。结果，学生们能回忆出实物8个，而词语只能残缺不全地记起7个。几天后，这种差异更加明显，实物能回忆出6个，词语却只能回忆出2个。

因此，在学习知识的过程中，相对于死记硬背而言，我们更提倡形象记忆。所谓形象记忆，就是在记忆时尽量多关注直观形象，尽量多运用形象思维，以提高记忆的效果。

其实，实际学习中有很多同学喜欢用形象记忆法，下面就是一个同学的表述：

"政治、历史、地理需要背诵记忆的内容很多，如果一字不漏地背下来，不仅浪费时间，而且精力消耗大。如果能够在学习每一课时，用形象记忆的方法，在脑海中形成一幅画面，对这一课的大致编排情况形成系统记忆，就能节省大量时间。例如，我虽然不能完整记住历史课本上的每一个字，但当回想起某一个内容时我知道它在书本的什么方位，左或右，上或下，知道这一课的重要图片分布在哪个位置，知道这一页翻过来是哪一课的什么内容等。这样的形象记忆既能避免死记硬背的枯燥，又能节约大量时间，同时也能达到预期的记忆效果。"

也许很多学生会产生疑问，为什么形象的事物容易记忆呢？这得从人们对客观事物的认识谈起。人们认识客观事物依靠感知器官，而感知正是从直观形象开始的。实物形象的记忆最直接，而对抽象概念、系统知识的记忆则需要

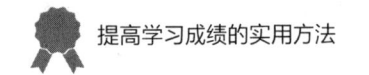

有一定的知识结构做基础。

美国图论学者哈拉里强调形象的重要，他说："千言万语不及一张图。"鲁迅先生也很重视形象的作用，他在任教时就常用画图来帮助学生理解和记忆。17世纪捷克教育家夸美纽斯更是直接指出："凡是需要知道的事物，都要通过事物本身来进行教学；这就是说，应该尽可能地把事物本身或代替它的图像放在面前，让学生去看看、摸摸、听听、闻闻，等等。"形象感知是记忆的根本，它是指以感知过的事物的形象为内容的记忆。它是对感性材料，包括事物的形状、体积、质地、颜色、声音、气味等具体形象的识记、保持和重现。它带有显著的直观性和鲜明性。人的记忆都是从形象记忆开始的。婴儿出生6个月左右就会表现出形象记忆，如认知母亲和辨识熟人的面貌，就是形象记忆的表现。所以，形象记忆是由感知到思维必不可少的中间环节。

形象记忆是人脑中最能在深层次起作用的、最积极的，也是最有潜力的一种记忆力，是目前最合乎人类右脑运作模式的记忆法，它可以让人瞬间记忆上千个电话号码，而且可达一个星期之久不会忘记。但是，人们在利用语言作为思维的材料和物质外壳，不断促进意义记忆和抽象思维的发展，促进左脑功能的迅速发展，而这种发展又推动人的思维从低级到高级不断进步、完善，并发挥无比神奇的作用的过程中，却犯了一个本不应犯的错误——逐渐忽视了形象记忆和形象思维的重要作用。

于是，人类越来越偏重使用左脑的功能进行意义记忆和抽象思维，而右脑的形象记忆和形象思维功能渐渐遭到不应有的冷落。经过漫长的岁月之后，终于发展到今天的"左脑占优势"的社会，左脑这个后起之秀已成为公认的"优势半球"。

其实，我们对右脑形象记忆的潜力还缺乏深刻的认识。那么，形象记忆和意义记忆之间的差别究竟有多大呢？据日本创造工学研究所所长中山正和推算，我们一般人"记忆中的语言信息量和形象信息量的比率为1：1000"。

根据这个道理，你在记忆时，应尽量采用直观形象的方式，对那些艰深抽象的知识材料，设法使之形象化。具体方法有以下几种。

（1）运用模像。例如，学习时可借助于模型、图像、照片、录像、电影、电视、幻灯片等，通过对它们的观察来获得对事物的感性认识。

（2）形象比喻。用自己熟悉的事物识记材料，例如，用"皇冠上的明珠"来比喻"哥德巴赫猜想"这一数学命题，妙趣横生，易于记忆。

（3）语言描述。对于抽象的材料可用形象化的语言来阐述，也就是所谓的深入浅出，记忆起来就会快得多。

总而言之，直观的实物形象易于记忆。亲眼看一只动物，亲手做一件标本，亲耳听一首歌曲，亲口尝一个水果，亲自到一个风景区游览，得到的印象要比听别人讲鲜明得多，要比从书本上看生动得多，记忆自然要牢固得多。

联想记忆是提高记忆力的最佳方法

我们都知道,和思维一样,记忆的方法有很多种,其中就包括联想记忆法。所谓联想记忆法,就是由一种经验想起另一种经验的活动。这里,你首先要掌握联想记忆法的几种形式。

接近联想,用相互接近的事物进行联想。例如,历史上彼得一世的改革和明治维新。

相似联想,用相似的事物联想。例如,伊拉克的地图像靴子。

对比联想,由相反事物的一方想到另一方。例如,民主和专政是辩证的统一。

归类联想,从同类事物中进行联想。

因果联想,从原因想结果或从结果想原因。例如,遗传与变异。

创新联想,人为创造一种联系进行的联想。例如,万有引力与库仑定律。

而根据联想记忆法的内容特征,我们又可以将其分为以下三种。

1. 一点式记忆法

对于要记住的陌生的知识点,你要做的就是运用编的技巧给它一个形象,或者利用联想的方法与它的真实含义之间人为地创建一个联系。

例如,对一个人名、地名,或其他形式的、抽象的,或不可理解的、无意义的材料的记忆,请试试以下几个:

WTO(世界贸易组织,即原来的关贸总协定)。

绿色食品(无污染、符合一定环保指标的食品)。

2. 两点式记忆

就是需要在两个事物之间建立一一对应关系,使用时见此知彼、见彼知此。例如,英语单词和汉语词汇之间,作品与作者之间,国家与首都之间,年代与历史事件之间，某些事物与有关数据之间，都是如此。

以英语单词England——英国为例。可找出内在联系：英格兰本是英国的主体，所以习惯上以英格兰（England）代表英国。

3. 多点式记忆

需要记忆的知识要素超过2个，要在3个或更多的事物之间建立联系，如记忆56个民族，列举鲁迅的作品，记忆一个简答题的要点，等等。

在记忆时，除了进行联想之外，还应辅之以这样一些技巧：循环记忆、尝试回忆、过度学习、限定时间、结合理解。另外，还应该注意确定切合现实的目标，不能指望什么都要一字不漏地原文背诵。

为此，你可以采用这样几种方法来记。

（1）口诀法。就是从要点中取出关键字（有时可以不止一个），通过谐音变形、顺序调整，组成一段有形象、有意思的话（这句话如果能用5个或7个字来表达则最为理想，因为这样符合中国人的审美节奏，像古诗一样朗朗上口，好读易记），然后将这句话中的形象与题干挂钩。

（2）故事法。就是以要点关键字词作为基本情节要素，串成一个故事，各个要点的出场顺序可以随意调整以便于联想。

（3）居室法。类似于罗马房间记忆法，不同之处在于这里不必给居室中的事物确定次序。居室可以是家里的卧室，其中常用的"钩子"有：床、枕头、被子、书架、写字台、台灯、插座、方桌、方凳、衣橱、窗户等。这些如果还不够用，还可以临时调用房梁、老鼠洞来凑数。

（4）拟物法。此法和居室法相似，不过这里是把题目和一个临时指定的事物挂钩，把要点与事物的零件挂钩。这里是一事物上只挂一个题目，而居室法的居室则可以反复使用，可以挂上许多题目。这里只要在零件和要点之间建立联系即可，而在居室法中还要加上题目，每记一个要点，都要在三个点之间建立联系。

总之，掌握以上几点，巧妙运用联想记忆法，能帮助你在大脑中对知识形成清晰的记忆，从而帮助你更牢固地记住知识。

有效复习，克服遗忘

我们都知道，学生在学习的过程中，一定要重视复习，熟能生巧，对某个知识点的不断巩固能加深对该知识的印象。孔子主张"学而时习之"，说的就是这个意思。另外，从记忆的角度来看，遗忘过程有它的规律。科学实验证明，在学习材料刚刚记住的时候，经过1小时再检查，发现只能记住学习材料的44%左右，56%被忘记了；经过1天后再检查，只记住了33%的内容，67%被忘记了；6天后再检查，只记住了学习内容的25%左右。

可见，在学会和记住了某些知识后，紧接着的就是先快后慢地遗忘。因此，必须在还没有遗忘之前进行复习，以加深和巩固对学习内容的理解与记忆，使大脑的神经联系得到强化。

对于知识，要想记住，光弄懂还不够，还要及时复习，否则就会逐渐忘记。在这里还要认清一个问题，学过的东西，虽然忘了，但并不是彻底忘了，如果加以复习，由于过去曾经学习过、理解过，当学习的内容重新出现在眼前时，就会产生"再认"的作用，因而有可能迅速地回忆起来，即使回忆得不完全，再学习一遍，也比第一遍学习要容易些。因为学习过的东西在大脑里终究已留下了痕迹，这种痕迹在一定的条件下是可以恢复的。所以学过的东西一旦忘了，不要认为过去的工夫就白花了。

那么，该如何复习才有较好的效果呢？

1. 及时复习

心理学的遗忘规律告诉我们：识记一结束，遗忘就开始了。遗忘的进程是先快后慢、先多后少。据此，学习结束后要及时复习，趁热打铁。学习后在当天内复习一刻钟，往往比一星期后复习一小时的效果更佳。特别是对单词、符号、公式等意义不强的学习材料更需如此。及时复习犹如加固大厦，待大厦倒塌了再修补则为时晚矣。

2. 睡前复习

研究表明，遗忘的原因之一是活动的干扰妨碍了记忆。国外有人曾做过这样的实验，让两名大学生识记同样的内容，一个熟记后睡眠，另一个熟记后仍进行日常活动。结果表明后者的遗忘程度远远高于前者。这是因为后继的日常活动干扰了前行的识记内容，而睡眠则无此干扰。因此，若能在每天睡觉前，坚持用15分钟时间将当天学习的重要内容回顾一下，定能取得满意效果。

此外，清晨复习十几分钟也能取得类似效果，这是因为睡前复习无后继活动干扰，清晨复习则无前行活动干扰。若能既坚持清晨复习，又保证睡前复习，效果当然更好。

3. 分散复习

遗忘规律告诉我们，及时复习并不能完全解决遗忘问题，还需要不断地定时复习。研究表明，在定时复习时，分散复习优于集中复习，即一次复习2小时，不如分为4次，每次复习半小时效果好。此外，随着复习次数的增多，定时复习的时间间隔可逐步延长。

4. 尝试回忆

有许多同学复习时习惯于一遍又一遍地读，实际上这是一种少、慢、差、费的复习方式。研究表明，有效的复习应多以尝试回忆为好。即在阅读几遍材料后，就掩卷而思，尝试背诵，实在回忆不起的地方再重复阅读、尝试背诵。如此反复循环，直到记牢为止，且将全部复习时间的80%用来尝试回忆，20%用来诵读的效果更佳。这种方法之所以能提高复习效果，主要是充分调动了思维的积极性，增强了学习反馈；避免了反复阅读、被动接受知识的状况。

5. 过电影

"过电影"就是指把所学的主要内容、难点内容在脑中逐一闪现，全部回忆一遍。若能顺利、清晰过完电影，则说明掌握的知识比较牢固。若"过电影"卡壳，或若隐若现，则说明这些知识有待进一步复习。若在考试或测验之前，以"过电影"方式进行心理彩排，不仅可自我考查学习的效果，而且如果顺利地过完电影，就会成竹在胸，有助于增强信心。"过电影"通常是进行阶段复习或总复习的一种有效方式。

综上所述，在学习过程中，坚持课后复习、阶段复习、期中复习和期末复习，是与遗忘作斗争的有效对策，是很必要的学习活动。

尝试回忆，复盘课堂学习内容

作为学生，在学习的过程中，你是否曾有这样的体验：一个知识点，平时一次又一次地读，印象却总是不深刻；考试时，考到了，记不起来，搜肠刮肚，仍然不见踪迹；走出考场，一查答案，从此就像深深地刻在脑子里似的，经久不忘。

尝试回忆，就是在记忆时给自己卖个关子，考一下自己。在记忆时，经过几次重复，可以合上书，试着复述一下。记不起时，先不急于找答案，努力在脑中通过各种方法回忆、联想，实在想不出来了，再看书。在复习时，也可以用这种方法。

这就是尝试回忆法。例如，在记忆外语单词时，可以直接默写，也可以看着英文默写中文，或者看中文回忆英文。背诵课文时，可以不断地尝试自己背。背得不对时，再看，再记。对学习过的识记类的知识，及时进行尝试回忆，效果较好。

这种方法的好处是：①可以及时了解自己在学习中的记忆情况。每次尝试回忆后，就会知道自己记住了什么，还有什么没记住，在进一步阅读时便可以有重点、有选择地记忆。②可以激发人的学习积极性。进行尝试回忆，目的是逐字逐句地再现读物，这能促使自己逐字逐句地读，把目标对准那些尚未记住的材料。

有些学生在记忆的时候，总是闷着头一遍又一遍地读。这种枯燥无味地重复诵读，往往不能使大脑皮层处于兴奋状态。这样，就必然会降低记忆效果。尝试回忆，虽然比照本宣科费力气，特别是在回想不起来的时候，就要开动脑筋。因为大脑皮层的神经细胞一直处于兴奋状态，就容易记住所读的材料。

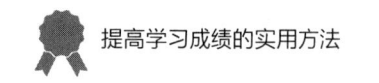

下面这个心理学实验可以说明这个问题：

把被试者分成甲、乙两组。主试者让甲组学生对一篇课文连续看4遍；让乙组学生对同一篇课文看一遍，尝试背诵一遍，再看一遍，再尝试背诵一遍。结果，1小时后，甲组只记得52.5%，乙组记得75.5%；1天后，甲组只记得30%，乙组记得72.5%；10天后，甲组仅记得25%，乙组仍记得57.5%。

每次尝试背诵就是给予一次记忆信息的反馈。为什么利用反馈效应的尝试记忆法能够提高记忆效果呢？这是因为反馈提高了记忆的自觉性和主动性。一篇材料识记几遍以后，总是有的部分已经记住了，有的部分还没有记住，或者记错了。反馈信息就可以告诉你哪些部分已经记住了，哪些部分还需要加工，帮助你了解自己记忆的进度和记忆的难点，然后你就可以针对难记的部分集中力量攻下来。

其次，反馈可以增强对记忆的自信心，从而给识记增添力量。如果对一篇较难的材料，或者较长的材料诵读几遍以后，就发现已经记住了其中的大部分，这就会极大地激发你的学习动机，以及取得成功的喜悦心情，使你充满信心地去完成剩下的记忆任务。当然，你在识记几遍后，发现自己还没有记住，心中不免烦躁起来，这时你应该懂得："烦躁情绪将干扰记忆，影响记忆效果。"最好的办法是控制情绪，使自己心平气和，相信自己的记忆能力。或者这样想："这篇材料难，是应该多记几遍才能记住。"而且，反馈在一定程度上可以消除疲劳，维持注意力的集中。

当然，有的学生担心尝试回忆太费时间，实际上尝试回忆所用的时间会越来越少。表面上看尝试回忆是一种"信息的输出"，实际上信息在"输出"的过程中，又被进一步加工和强化了。尝试回忆次数越多，记忆越牢。如果急于赶进度，每天不去回忆旧内容，看起来天天学了不少新内容，但实际上忘记的内容也一天天多了起来。综合看来，还是尝试回忆法的收获大，花费时间少，记得多。

你可以灵活采用各种方法来尝试回忆。例如：

（1）掩盖法。盖住书上的关键部分，试着回忆。例如，记英语单词时，可以找出生词表，盖住英文，看着汉语译成英语；或者反过来，看着英文，译成汉语。

（2）自测法。可以把要记的内容概括成一个题目，把题干写在远离答案的位置，可以是书上的空白区域，也可以是在笔记本、卡片上（这时最好注明答案所在的页，以便及时查对）。复习时，看着题目，试图回忆答案，然后与答案核对。

总之，运用尝试回忆法学习知识的好处在于可以引起对答案的注意，把精力集中在上面，努力去回忆，使大脑充分活跃起来。如果回忆正确，可以巩固正确的知识。若是错了，或是忘了，可以及时纠正、补充，并获得正确而深刻的印象。

第 10 章

学习时间，合理运用学习有效时间
——充分利用你的一天时间

我们都知道，在一定程度上，一个人学习成绩的好坏，与他是否会管理自己的时间有关。没有时间的保障，学习无从谈起，所确定的目标和计划将无法实现。现在，学生学习负担很重，学习时间有限，自己能支配的时间并不多，赢得时间就显得十分重要了，所以要充分利用一切可以利用的时间，来执行自己的计划，实现自己的目标。时间对于每个人都是公平的。那么，我们如何来安排、规划时间呢？

第10章 学习时间，合理运用学习有效时间
——充分利用你的一天时间

充分利用碎片化时间学习

人们常说，时间是公平的，每个人的一天都只有24小时，所以应该珍惜时间去充实自己。爱因斯坦说："人的差异产生在业余时间。"从这位大科学家的话里，就可以看出他是多么重视、珍惜时间，同时他也是管理时间的能手。

其实，生活中有很多零散的时间，如等车的时间、临睡前的时间、提前到校的时间等，这一段段的零散时间，看起来短暂，但积累起来却不少。每个人一天的时间都一样，但是善于利用零碎时间的人，能得到更多的益处。

李明说："我非常注重零散的时间，在等车、坐车、吃饭、行走时都带着卡片，时不时拿出来看两眼，日积月累效果还蛮不错。"

徐洪明说："别小看了零碎时间，坚持利用下来，你会发现受益匪浅。记得初三时，我就是利用每天早上早操之前的10分钟背诵英语单词。结果一本100多页的中考词汇用书硬是让我背了下来，所以中考时没有在词汇上出过问题。"

从两位学霸的分享中可以看出，要想取得好成绩，就要充分利用一切可利用的零碎时间。而从另一个角度来看，与零碎时间相比，大块时间的学习其实更容易导致疲劳的积累，使学习效率受到很大影响。零碎时间的学习能保持大脑的兴奋状态，效果极佳。而且，利用零碎时间学习一些必须熟记的生词、公式、规则等，有利于反复记忆，加深印象。利用零碎时间的技巧很多。例如，你可以准备一个随身携带的小本子，记上要背的单词和知识点，有空就读一遍；在起床、洗脸、刷牙、就餐等活动场所的墙上，钉上一个和视线等高的小夹子，夹上一张卡片，卡片上写上当天要背的单词、公式等；还可运用录音机，把要背的知识内容录下来，吃饭、洗脚的时候都可以听。总之，利用零碎时间反复记忆，不仅会明显提高学习效率，还能培养分秒必争的好习惯。

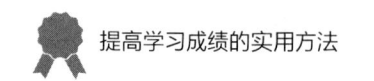

学生的大部分时间是在老师掌控之下，很难有自主时间。若不善于利用零碎时间去处理学习问题，很难做到轻松学习。究竟从哪些方面挖掘，又怎样利用这些时间呢？

1. 善于利用课堂时间的"零布头"

课堂上有些时间是可以自己掌控的，例如，老师进出教室前后的时间，上课铃响的那段时间内，教室里多半比较嘈杂，此时你应该让自己静下心来，对课堂内容进行预习。

而在老师板书的时间里，你可以回想一下刚学过的内容，并对这些知识着重思考或强化记忆，也能解决很多问题。如果你总能把握课堂上的零碎时间做复习巩固，也许在课堂上就解决了课下复习问题。实际上一节课要掌握的东西没多少，只要争取时间就能轻松搞定。

2. 善于利用等待的时间

可能你每天都会有一些时间是处在等待中的，如等车、排队等。等待时间长让人觉得很无聊，如果你拿出平常准备的问题本，进行回忆和思考，或者拿出课本记一些单词，长此以往，学过的知识就会变为牢固的记忆。

3. 善于利用走路的时间

可以在上学途中记忆或思索一两个简单问题，关键是要有问题意识和善于思考的习惯。有时和同学结伴而行，如果同学相互争论一些学习问题，或相互摞问一些要背诵的问题，记忆会更快捷、更牢固。

4. 善于利用睡觉前的时间

你可能也发现，当你躺上床之后，进入睡眠状态还需要一段时间。此时，你可以将白天学习过的知识在大脑中过一遍，起到回忆和思考的作用，记不起来的地方，要么马上翻看书本或笔记，要么记着第二天早上翻看。养成这些习惯，就能使学过的知识及时得到复习，还能达到学而三思的效果。

5. 善于利用和老师同学交流的时间

一些学生习惯跟同学交流一些是非话题，甚至在课上也有说不完的话。

还有一些学生一见到老师就躲。其实，老师和同学能帮助你在学习上有所提高。因为有的问题能够自己解决，达到大疑大进，小疑小进；有的问题百思不得其解，可以与同学进行交流或者请教老师。

总之，学习是一件需要认真对待的事，只有珍视一点一滴的时间，才能及早完成任务，及早着手复习，才能腾出时间做自己想做的事。

马太效应,导致学习效率低下

到了中学阶段,学习时间就会紧张起来,为此,很多中学生认为,必须挤时间才能搞好学习。于是,他们会选择压缩睡觉的时间、吃饭的时间、休闲娱乐的时间等。把一切学习以外的时间都压缩到极致,就是管理时间的终极目标。甚至有些人为了花更多的时间学习,几乎在挑战自己的生理极限,但进步仍然十分有限。自己非常痛苦地看书做题,而有些成绩比自己好很多的同学却似乎很悠闲,内心肯定会怀疑,时间利用都到了这步田地,成绩都没有起色,我还能进步吗?

实际上,你一定要明白时间和效率的关系,它们并不是一直成正比的。对此,不妨先来算一笔时间账:

一个中等努力程度的初三学生,一天用在学习上的时间大概有10小时。这个时间长度可以保证他每天有足够的时间来休息。如果要拼命地挤时间,大概能多挤出来多少呢?假设你每天只睡6小时——这已经很夸张了,偶尔一天只睡6小时觉得没什么,如果连续很长一段时间的话,很多人会受不了。吃三顿饭总共用1小时,洗脸、漱口、上厕所以及其他杂务也要1小时。这样算下来,每天用来学习的时间达到了16小时。这样,你比别人的学习时间增加了60%。

这是一个可喜的数字,实际上,每天多60%的话累计起来确实相当惊人。一个人如果真的能这样坚持下来,取得进步也是理所当然的了。

不过,这笔账漏掉了一个很重要的东西——人与人之间的差异。例如,针对同样的学习内容,有些学生看一遍就能理解或者记住,但换成另外一个同学,可能就需要两倍或者更多的时间。不难发现,成绩好的同学,在同一个问题上所花的时间确实比学习差的同学少很多。有研究证明,他们之间的差距是,前者一天学习10小时的效果反而比后者学习16小时还要高出25%!换言之，比别人多付出60%的努力，却换来比别人低25%的效果。

这笔账算起来是比较吓人的。尽管这个效率的差距可能不是2∶1，但结论本身不会有太大的变化——如果考虑到一天学习16小时，如此高强度的学习会让人身心疲倦、无法集中注意力、学习效率大幅度下降，那么这种效率上的差距只会更大。这就是为什么越是学习成绩差的同学，越觉得时间不够用；而越是成绩比较拔尖的同学，越觉得时间多得用不完。

这就是学习时间的马太效应。马太效应是指强者越强、弱者越弱的社会现象。其名字来自《新约·马太福音》中的一则寓言。

从前有一个国王，要进行一次远行。在出门前，他交给三个仆人三锭银子，并吩咐他们说："这些钱是我给你们做生意的本钱，等我回来时，你们带着赚到的钱来见我。"

一段时间后，国王回来了。他的第一个仆人说："陛下，你交给我的一锭银子，我已经赚了10锭。"国王很高兴并奖励了他10座城池。

第二个仆人报告说："陛下，你给我的一锭银子，我已经赚了5锭。"于是国王便奖励了他5座城池。

第三个仆人报告说："陛下，你给我的银子，因为我害怕丢失，所以我一直包在手帕里存着，一直没有拿出来。"

国王一听，气不打一处来，便将第三个仆人的那锭银子赏给了第一个仆人，并且说："凡是少的，就连他所有的，也要夺过来。凡是多的，还要给他，叫他多多益善。"

后来这一现象被人们称为"马太效应"。

在学习中，也存在着类似于"马太效应"的现象。学习好的人，因为看书做题很轻松，时间剩下很多，可以用来让自己取得更大的进步；而学习差的人，因为看书做题很痛苦，效率低下，每天连老师布置的作业都难以完成，根本挤不出时间来学习，只能越来越痛苦。学习成绩的"贫富差距"越拉越大。

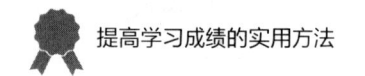

要解决这个问题,你就必须明白一点,世界上有比时间更重要的东西:效率。所以,搞好学习,单纯靠挤时间是不够的。每个人一天都只有24小时,再怎么挤也有限;但是时间利用的效率是可以成倍提高的,提升的空间很大。

合理规划寒暑假时间

对学生来说，一年之中最开心的就是寒暑假了。可是一到放假，学生们既高兴又不高兴，接下来这个假期到底该怎么安排呢？痛痛快快地玩还是努力学习呢？可能你曾经会有这样的疑问，班上某些同学，原本成绩并不理想，可是寒暑假一过、新学期刚开学的考试中，他们就取得了惊人的成绩，这是为什么呢？其实，这是因为他们充分利用寒暑假的时间查缺补漏和有效复习。

何燕说："刚上初中时，我的学习成绩并不是很好，只在年级的中游水平。后来我能够成功地考入北京大学，一个很重要的原因就是我能够笨鸟先飞，平时寒暑假、节日放假的时间我都能合理地安排。

"我会在寒假时先预习下一学期的课本，特别是英语课，这就需要提前去借课本，也可以去买课本和相应的课本同步资料。然后给自己制订好假期计划，每天看多少、做多少，双休日则逛街、打羽毛球、逛书城，有时还和朋友去游览周边的风景名胜。这样学习兴趣更浓厚，因为在玩中运用书本知识的兴奋劲使我回味。这样一个假期下来，我对这学期要上的课已经基本熟悉了。课堂上，一方面把已经掌握的知识复习了一次，另一方面不懂的又可以在老师讲课时解决，这就是我笨鸟先飞的招数了。我在初二上学期结束时，已预习完初中阶段的英语课文，对语文基础知识手册的基础内容也有所了解，这为初三语文系统全面复习打下了基础。真感谢自己当初的坚持不懈，我为当时的我感到骄傲、自豪！"

何燕为什么能在假期后成绩提高很多？因为她充分利用了假期时间学习。当然，她并不是建议考生们在寒暑假争分夺秒地学习。相反，她建议考生们劳逸结合，多参加一些娱乐活动。也就是说，合理的寒暑假计划，是要将学习与娱乐都考虑进去的。

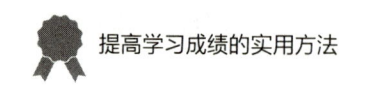

那么，该如何科学、有效地利用这个寒暑假安排学习和生活呢？

1. 制订学习计划

寒暑假的时间都比较长，只有先制订一个适合自己的学习计划，才能将自己的学习状态调到最佳，从而高效地完成自己的学习任务。

例如，在一天内，你最好保证自己的学习时间保持在7~8小时；学习时间最好固定在：上午8：30~11：30，下午14：30~17：30，晚上19：30~21：30。

另外，你需要把休息的时间考虑进去，既不要睡懒觉，也不要开夜车；制订自己的学习计划，主要是以保证每科的学习时间为主。例如，你数学定的是2小时，但2小时过后任务还没有完成，建议你赶快根据计划更换其他的复习科目。千万不要出现计划总是赶不上变化的局面。

晚上学习的最后一个小时建议把计划设置为机动，目的是把白天没有解决的问题或没有完成的任务再补一下。

每天至少进行三科的复习，擅长/喜欢和厌恶的科目交叉进行。不要前赶或后补作业。记住，完成作业不是目的，根据作业查缺补漏，或翻书再复习一下薄弱环节才是根本。

如果遇到了自己解决不了的问题，千万不要钻"牛角尖"或置之不理，可以打电话请教一下老师或同学！

2. 认真查漏补缺

寒暑假是课堂之外的时间，对于平时学习中遇到的薄弱环节，正好可以利用寒暑假时间进行查缺补漏。例如，在期末考试中，看看哪些题失了分，弄清失分原因：是基本知识没掌握好，还是学习态度不端正，或者是学习方法、学习习惯不好。你在分析"过去"、总结经验教训后，为自己制订一套寒暑假学习计划，并坚持实施。

3. 收集、整理错题，多做真题

寒暑假期间，要有针对性地进行知识复习，尽量多做历年考试真题。在做完一套真题试卷后，要及时核对答案，看看哪些题目丢分，弄清丢分原因。

通过做真题可以了解中考命题范围、题目深浅以及相关题型。

同时，还要把做错的题记录在错题集里，或用红笔画上记号，便于下一次复习。例如，英语若是客观题丢分，要认真研究该题失分的原因。数学或其他科目也可以用此方法进行复习。在复习的过程中，遇到无法解决的问题，可以汇总在一起，记在事先准备的小册子上，开学后请教老师。通过有选择性地做真题，可以体会和熟悉中考题型，同时对所学知识"融会贯通"，使训练更有效。

总之，科学地计划寒暑假的学习，你一定要考虑到自己的身、心、智的需要，从而让自己过一个有意义、充实的假期。

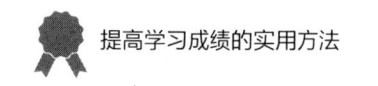

周末合理分配学习与娱乐时间

周末给学生带来了欢乐，同时也伴随着忧虑，安排好了，这两天会促进平时的学习，使人进步；安排不好，会使平时学习受干扰，使人退步。

向小玲说："有的同学把学习当成享受，他们觉得周末可以全由自己来支配，一天的效率是平时上学的两倍。而不善利用时间的同学呢，这两天懒惰下来，周一还要重新进入学习状态。可见，把握好周末，对我们来说是至关重要的。

在紧张的备考期间，对学生来说，比较可行又有益处的过周末的办法还是以学习为主，但不一定以学习课堂知识为主。有的专家认为，平时课堂知识没有学好的，应以复习课堂知识为主制订学习计划，其他则应以阅读课外知识性读物为主，适当地辅以课内重点内容的复习。一般来说，周末两天，总共安排的学习时间以8~10小时为宜。其他时间，可以根据自身的环境和条件，如到野外放风筝、游园、打羽毛球、滑旱冰，还可以在家里举办家庭读书报告会、诗歌朗诵会、卡拉OK演唱会、猜谜晚会等活动，过一个融知识性、趣味性、科学性于一体的双休日。"

那么，具体来说，该怎样安排自己的周末呢？

（1）适当安排时间复习、预习课本内容，做到"温故而知新"，每天不少于2小时。

（2）晚上看电视、上网不要超过9点，要养成良好的作息习惯，当然，早上可以适当多睡会儿。

（3）加快学习的节奏。人在精神良好的状态下工作、学习、做事，效率和效果都会最佳，而适当地加快做事节奏，可以有效地刺激大脑，振奋人的精神。在一小时内应完成的学习任务，不应拖拖拉拉利用两小时去完成。在学习时，加以时间限制以使自己有一个紧迫的时间观念，防止拖沓。同时，做事节奏一加快，就可以把节省下来的时间做一些文体活动和休息调整，充实自己的生活，从而更加有效地清除心理上的疲劳感，使注意力更容易集中。

（4）生活上丰富多样化。初三的学习生活无疑是紧张的，是战前的大演习，但在这种紧张的生活中，可以通过各种富于强烈情绪体验的活动来充实自己的生活，如打球、听音乐、看电影、读一些杂志、下棋等，这样可以调节因学习而造成的心理疲倦。

（5）要走向社会。每星期不少于半天时间走进大自然，观察身边的人和事，观察社会的变化。一是人走进自然心情就会开朗了，二是作文来源于生活而高于生活。只有平时多看、多想，作文才不会空洞，才不至于干涸，不然则言而无味，无话可写。

（6）进行体育锻炼。体育锻炼能让人产生一种驾驭感、超越感。在体育活动后，人会心情愉快、精神饱满地投入工作和学习。

（7）还可以多帮父母做家务，有空的时候去社区看看敬老院的孤寡老人，多给他们力所能及的帮助。

总之，如果能合理安排周末时间，则有利于你的发展。你要做到学习、娱乐相结合，书面作业与口头作业相结合，课内作业与课外阅读相结合，学会自己安排学习生活，安排作息时间。只有养成合理的作息习惯，你的双休日才有收获。

能力有限，做自己能做的事情

谈到管理时间最为重要的原则，就是在有限的时间内做最重要的事，这也就意味着你要放弃一些东西。但你可能还忽视了一点，要放弃的，不仅是那些看起来价值不大的东西，有时候因为个人的能力问题，还必须放弃那些有价值的东西。

在参加各种考试前，老师总会提醒你，不要在那些难题上花费太多的时间，找不到头绪就要选择放弃，否则，你连花在那些简单题目上的时间都没有了。其实，不只考试中，在日常的学习中也应做到如此。

对于那些难题、难点，可能你总会忍不住挑战一下。在做题目时，如果你已经做完了前面所有的题目而还有充足的时间，那么，你当然可以尝试将难题解决，这会让你对该知识点有新的认识。但如果你连基础题都没有解决好，那么，你最好慎重考虑了。令人羡慕的学霸们，他们的成绩之所以如此出类拔萃，并不是因为他们总攻难点，而是因为他们懂得管理自己的时间，懂得在什么类型的题目花合适的时间。在平时的学习中，他们也比较注重基础，因为他们深知做好基础题、适度拔高才能拿分。

有学霸这样总结："答题要先易后难，做好会做的题，千万不要在会做的题上失分。数学考试一般是由易到难，按正常的顺序答题就可以了。遇到不会的题、难题不要硬'抠'，可以先跳过去，做会做的题。不要在难题上浪费太多的时间，这样会影响自信心。"

的确，不只是考试，在日常做题时，如果能遵循——只做自己力所能及的题目，那么在一天结束的时候，你会发现自己很有成就感和信心，也就有了继续学习的动力和勇气。

可见，要保证自己的学习效率，就要多做和自己水平相适应的题目，这样既有成就感，又能提高自己的解题能力。太简单的题目不要去做，太难的题目也不要去做。等你把中等难度的题目做熟练之后，自然会发现，原来很难的题目已经不那么难了。

有的人喜欢头脑发热地制订时间表，排得密密麻麻的，从计划表上看，连上厕所的时间都挤不出来了。原计划用半小时背一篇英语课文，谁知用了40分钟还没有背完。这才发现时间不够，连忙放下英语课本，拿起数学题做了起来，还没有做几道题，发现背政治的时间又到了……总之一天下来忙得半死，计划的任务还是没有完成。这样就会使自己产生一种挫折感，渐渐就对自己没了信心，总感觉计划赶不上变化，于是越来越难以按照计划学习，不久又过起了原来那种杂乱无章的生活。

所以，对于那些刚开始制订计划的学生，计划应该定得适度，而不是高于自己所能完成的水平。例如，你预计自己复习某一部分的内容需要1小时，那么你可以计划用80分钟。

你可以让时间宽裕一些，但尽量保证每天给自己规定的任务都能完成。在一天结束的时候，前一天所计划的事情都做完的成就感是非常好的，可以给你继续制订和执行计划的信心和动力。这样循序渐进，再慢慢地提高标准，才能真正高效地利用时间。

总之，无论是做题还是时间管理，要想高效地学习，就要对自己的能力有个全面的评估，做和自己水平相适应的题目、时间安排上不给自己太大压力，这是一种懂得舍弃的智慧。

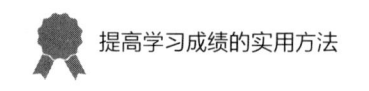

如何利用自习课效率最高

在学习过程中,课堂形式有很多种,除了老师授课外,还经常会有自习课。相对于一般的课堂学习而言,自习课会自由轻松很多。于是,部分学生会以为,自习课就是聊天、讨论或者做作业的时间,甚至有一些学生会把自习课当成自娱自乐的时间,犯一些违纪性的错误。总结起来,学生们对自习课有以下误区。

误区一:自习课就是自由课、放松课。

一些学生一到自习课时间就完全放松下来。也有一些学生,因为脱离了老师的指导,突然间不知道如何学习,于是,他们一会儿拿起一本书翻翻然后放下,又拿起另一本书,拿起这张卷子做两道,拿起那本书背两句,一节课下来就在这种无目的、无意识的混沌中度过,一无所获。这是一种不珍惜时间的表现。

误区二:自习课成了讨论课。

同学之间,当然应该就某个问题进行讨论,这是自主学习的表现。但如果在学习中一遇到困难就寻求同学的帮助,那么久而久之,你会形成一种学习依赖心理。

误区三:自习课就是作业课。

自习课时间,老师大多不加管束,让学生自行安排。于是,很多学生认为可以利用它来做作业,最终,一堂本可以充分利用的自习课便在疲惫中度过。

误区四:自习课成为个别学科的抄题课、辅导课、补习课。

那么,如何才能上好自习课呢?

首先,要明确自习课的任务,确定自习课要做的事。自习课要做的事可包括:巩固当天所学知识,完成当天所留作业;复习学过的知识,预习将要学习的知识；若有时间再看一些拓展类的课外读物等。

其次，确保自习课的质量。在了解了自习课的任务后，该怎样判断学习质量呢？自习的学习任务大致可以分成三类：作业、复习、预习。作业的效果是最容易判断的，只要是独立完成的，就可以了。而对于预习，很多同学采用的就是看看而已，纯属走过场，实际上，只有动笔的预习才是有效的。而对于复习，你需要做到，先不看书，闭上眼睛，在大脑中将要复习的知识过一遍，想不起来了再翻书，然后合上书在笔记本或者草稿本上把所学知识列出来，能列出来就可以，不用再回过头去看书。

最后，严格的纪律要求。作为班级的一分子，你需要从以下几个方面要求自己。

（1）自主学习。相对于被动学习而言，一天当中的正课你必须按照课表，按照各科老师的要求去做，只有自习课是你拥有绝对支配权力的课堂，是所谓"最自由的课堂"。可是自由不等于放松，更不是自我放纵，你要充分利用时间来消化、复习、预习和扩展。

（2）自觉学习。人贵在有自知之明，要做合乎时宜的事，学生在自习课上努力认真地学习，争取做到无须任何人的提醒就能进入状态，做一个有觉悟的人，不做与自习无关的事。

（3）自己学习。顾名思义就是自己在学，而不是和别人一起学，不允许讨论研究问题，就是不允许说话。

充分利用好自习课，相信你在学习效率上一定会有所提高。

参考文献

[1]赵晓华.小学生提高学习成绩的技巧[M].北京：北京工业大学出版社，2015.
[2]张珍.提高学习成绩的记忆法[M].北京：中国纺织出版社有限公司，2021.
[3]万春耕，刘爽.我的第一本学习方法书[M].武汉：湖北教育出版社，2020.
[4]赵晓华.帮助孩子提高学习成绩[M].北京：北京工业大学出版社，2015.